Cyriakus Wimmer
Fotoführer München Innenstadt

WIMVERLAG

Cyriakus Wimmer

Im richtigen Licht

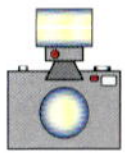

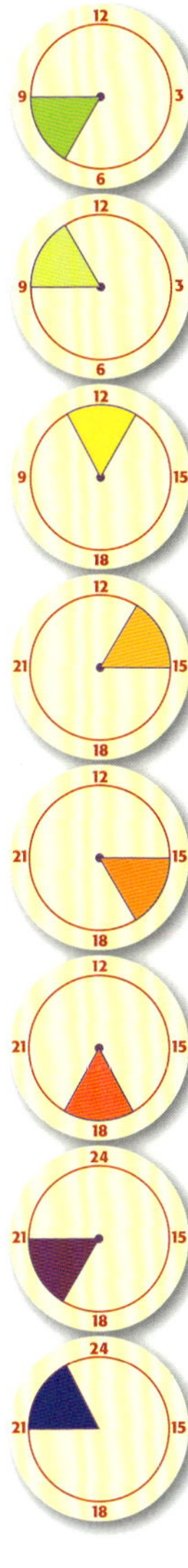

Fotoführer

München Innenstadt

WIMVERLAG Karlsfeld

„Im richtigen Licht"

... denn auf die Beleuchtung kommt es an

Dieser **Fotoführer** ist eine Kombination aus verschiedenen Sparten der Reise- und Fachliteratur.

Er ist

- ein **Reiseführer-Kompendium,** das zu den wichtigsten Sehenswürdigkeiten einer Region oder Stadt führt und ihre Geschichte und Bedeutung knapp umreißt und erläutert,
- ein **Tourenplaner,** der – nach Tageszeiten geordnet – dazu verhilft, zum richtigen Zeitpunkt am richtigen Ort zu sein,
- ein **Fotohandbuch,** das beschreibt, wann, wie und von welchem Standort aus ein „gelungenes Bild" entsteht,
- ein kleiner **Bildband,** dessen ausgesuchte und brilliant gedruckte Fotografien eine bleibende Erinnerung an ein schönes Reiseziel sind,
- ein vielseitiges **Geschenk,** um bei Freunden und Bekannten das Interesse für eine Region oder Stadt zu wecken oder zu vertiefen.

Ein **Fotoführer** kann nicht die detaillierten Fakten eines Reise-, Kunst- oder Geschichtsbuches wiedergeben oder mit exaktem Kartenmaterial aufwarten, er kann auch nicht die Impressionen eines großformatigen Bildbandes ersetzen.

Ein **Fotoführer** wird aber aufgrund seiner Vielfalt und seines praktischen Taschenbuchformates ein geschätzter Begleiter sein, wenn es darum geht, in kurzer Zeit fantastische Einblicke in Stadt und Land zu erhalten. Er wird **bekannte und versteckte Orte „Im richtigen Licht"** zeigen, für bleibende Eindrücke sorgen und zu attraktiven Fotos verhelfen.

Wir wünschen nun viel Freude mit 35 ausgewählten Zielen im **Fotoführer „München Innenstadt"**.

Ihr WIMVERLAG Karlsfeld

*Hier ▾ war der Fotograf ganz offensichtlich zur falschen Tageszeit vor Ort in Münchens „Altem Hof". Das wesentlich attraktivere Bild (◂ links) ist **„Im richtigen Licht"** und aus einem etwas anderen Blickwinkel entstanden.*

▴ ***nachmittags 16.00 Uhr,*** *28 mm, ISO 200, Blende 18, 1/100 Sekunde*

◂ ***morgens 8.30 Uhr,*** *24 mm, ISO 200, Blende 18, 1/60 Sekunde*

◂◂ *St. Michael und Dom zu Unserer Lieben Frau, 50 mm, ISO 200, Blende 8, 1/500 Sekunde*

Inhalt

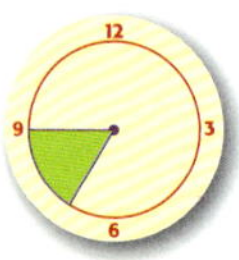

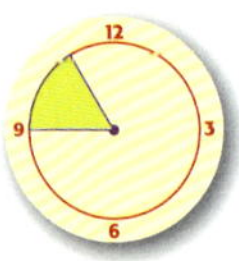

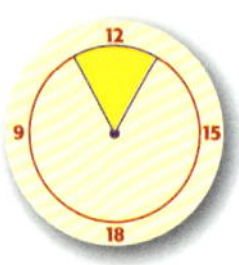

Abkürzungen

SLR	=	Single Lens Reflex (mittlerweile gebräuchlich für „Spiegelreflexkamera")
WW	=	Weitwinkelobjektiv Objektive mit Brennweiten unter 35 mm, als eigene Optik oder als Einstellung am Zoom-Objektiv
Normal	=	Objektiv mit „Normal"brennweiten um die 50 mm
Tele	=	Teleobjektiv Objektive mit Brennweiten über 70 mm, als eigene Optik oder als Einstellung am Zoom-Objektiv

Die Zeichen im Buch

Die **Uhrensymbole** zeigen an, zu welcher Tages- oder Nachtzeit an einem Standort eine besonders schöne und fotogene Beleuchtung vorherrscht. Die Reihenfolge der Sehenswürdigkeiten im Buch richtet sich nach der Tageszeit, die einzelnen Ziele sind dementsprechend sortiert, vom frühen Morgen (Ziel 1) bis in die späte Nacht (Ziel 35).

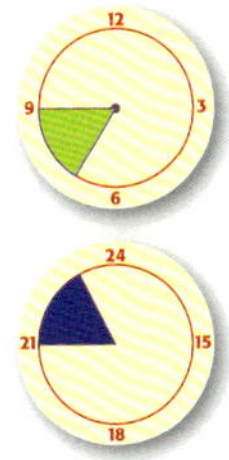

Beste Zeit

Die Zeitangaben im Buch sind Durchschnittswerte über das ganze Jahr. Dass sich der Sonnenstand und damit die Lichtverhältnisse mit den Jahreszeiten verändern, ist daher zu berücksichtigen. Gerade die von Fotografen so beliebte „Blaue Stunde" kann im Winter schon um 16.00 Uhr einsetzen, im Sommer dagegen kann sie bis 21.30 Uhr auf sich warten lassen. Ebenso spielen natürlich aktuelle Witterungseinflüsse eine Rolle.

Adresse

Beim **Adress-Zeichen** ist die Anschrift einer Sehenswürdigkeit angegeben, ihre Lage in der Innenstadt ist auch auf dem Plan in der vorderen Umschlagklappe verzeichnet.

Achtung

Unter dem kleinen **Achtung-Schild** sind manchmal lokale Besonderheiten vermerkt, die es zu berücksichtigen gilt.

Die **Symbole des Öffentlichen Personennahverkehrs** stehen für die S-, U- und Trambahnen im Münchner Verkehrs- und Tarifverbund (MVV). Ein Übersichtsplan für das Schnellbahnnetz (S- und U-Bahnen) findet sich in der hinteren Umschlagklappe. Die Buslinien können aufgrund ihrer großen Vielfalt in diesem Buch nicht berücksichtigt werden.

Mit dem Auto

Autofahrer finden beim **Parkplatz-Symbol** die dem Ziel jeweils am nächsten gelegenen Parkmöglichkeiten, meistens sind diese kostenpflichtig und teuer.

Fotoausrüstung

Unter dem **Ausrüstungs-Symbol** sind Informationen über gut geeignete bzw. die vom Autor verwendete Fotoausrüstung (siehe Seite 13) gesammelt.

Informationen, Tipps und Tricks

Der praktische Führer für Gäste aus aller Welt und für Einheimische

Dieser Fotoführer richtet sich zum einen an **Besucher der Münchner Innenstadt,** die in einer oft knapp bemessenen Zeit möglichst viele Highlights erleben möchten. Häufig beginnen sie dabei im Zentrum bei den bekanntesten Anlaufpunkten und sind so oft zur falschen Zeit vor Ort, um eine Sehenswürdigkeit in ihrer ganzen Attraktivität zu erleben.

Zum anderen spricht er auch **Einheimische** an, die in „ihrer" Stadt unterwegs sind, um Bekanntes oder Neues in verschiedenen Lichtsituationen und aus anderen Blickwinkeln zu betrachten und Interessantes darüber zu erfahren.

Diese **Informationen zu den Zielpunkten** finden sich immer im ersten Teil einer Beschreibung.

Das Ideenbuch für Fotografen

Viele Menschen, die gern ihre Umgebung erkunden, sind auch an Film und Fotografie interessiert. Sie möchten neben der reinen Information auch **Tipps und Tricks zum Thema „Foto"** erfahren.

Ambitionierte Fotografen kommen dabei ohne die fototechnischen Erläuterungen im Buch zurecht. Sie wissen, wie sie das „besondere Bild" machen. Der Fotoführer bringt sie zur richtigen Zeit an den richtigen Ort.

Fotoneulingen und -amateuren hilft der Fotoführer auch vor Ort noch weiter. Er bietet ihnen viele Anregungen und vor allem Bildbeispiele als Grundlage für die eigene Kreativität.

Wissenswertes, Praktisches und Originelles rund ums Foto ist jeweils in den grauen Kästen zu finden.

Denn Fotoliebhaber haben eines gemeinsam: sie möchten schöne **Eindrücke erleben und als Bild festhalten.** Dazu gehört aber nicht nur ein Motiv, sondern manchmal auch eine spannende Bild-Entstehungsgeschichte, für die dieses Buch Anstoß sein kann. Es zeigt deshalb oft andere Perspektiven und regt zu neuen persönlichen „Foto-Abenteuern" an.

Tourenplan und Fotoausrüstung

Der richtige Zeitpunkt

Bleibende Eindrücke und ansprechende Fotos entstehen vor allem **„Im richtigen Licht"**. Die optimale (natürliche) Beleuchtung ist es, die Bildern den „Kick" gibt und sie zu „Hinguckern" macht.

Und weil das Tageslicht – im Gegensatz zu vielen Motiven – nicht warten kann, ist es sinnvoll, zum passenden Zeitpunkt vor Ort zu sein.

Tourenplan

Allerdings: aufgrund der zeitlichen Abfolge der Besichtigungspunkte im Buch ist es nicht möglich, an einem Tag alle Lokalitäten in der vorgeschlagenen Reihenfolge zu besuchen. Es ist daher ratsam, **mehrere Touren** vorab zu planen.

Fotoausrüstung

Für die Kreativität spielt es keine Rolle, wie teuer oder aufwändig eine **Fotoausrüstung** ist. Im Gegenteil: an Equipment sollte – wenn möglich – nur soviel mitgenommen werden, wie tatsächlich vor Ort für eine Aufnahmeserie benötigt wird. Was nötig und/oder sinnvoll ist, findet sich in der Randspalte des Fotoführers. Für Fotografen mit voluminöser Ausstattung empfiehlt es sich, einen zentralen (sicheren oder bewachten) Parkplatz zu finden und das Auto als Depot für die weitere Ausrüstung zu verwenden. So bleibt z. B. ein Stativ im „Lager", bis es wirklich benötigt wird.

Die Fotos in diesem Buch sind mit verschiedenen Spiegelreflex- (SLR-) und Kompaktkameras aufgenommen. Die verwendeten Brennweiten und Kameraeinstellungen sind in den jeweiligen Bildunterschriften vermerkt. Zusätzliche Ausrüstung waren ein Blitzgerät, ein Stativ, ein Erbsensäckchen und ein Drahtauslöser. Ein Winkelsucher für die SLR und ein schwenk- oder klappbarer Monitor an der Kompaktkamera haben sich als sehr praktisch erwiesen.

Alle Bilder wurden digital fotografiert und überwiegend als RAW-Dateien gespeichert. **Digitale Bildbearbeitung** wurde sehr zurückhaltend eingesetzt, meist nur zum Geradestellen der Perspektive. Bei „größeren Eingriffen" sind diese in der Bildunterschrift vermerkt.

München – zur Geschichte der Stadt

Bei den Munichen

Fast 1.000 Jahre ist es her, dass Mönche aus den Benediktinerklöstern Schäftlarn und Tegernsee an der Isar eine kleine Ansiedlung mit dem Namen „Bei den Munichen“, also „Bei den Mönchen“ gründen.

Mittelalter

Gut 200 Jahre später, im Jahr 1158, lässt Herzog Heinrich der Löwe an der Stelle der kleinen Siedlung eine neue Brücke über den Fluss bauen. Gleichzeitig werden dem Ort die Stadt- und Münzrechte verliehen. Der Tag der Beurkundung durch Kaiser Friedrich Barbarossa, der 14. Juni 1158, gilt noch heute als offizielles Gründungsdatum Münchens. Knapp 20 Jahre später ist die Stadtmauer fertiggestellt, St. Peter wird die erste Pfarrkirche der Stadt. 1255 wird München Residenz der Wittelsbacher.

Renaissance

Rasch vergrößert sich die Stadt in den folgenden Jahrhunderten, immer neue, erweiterte Befestigungsringe werden notwendig. Anfang des 14. Jahrhunderts wird Herzog Ludwig der Bayer zuerst zum deutschen König und dann zum Kaiser gekrönt, seine Residenz München steigt in den Rang der Reichshauptstadt auf. Man zählt bereits über 10.000 Einwohner.

Ein gutes Jahrhundert später beginnt der Bau der Domkirche zu Unserer Lieben Frau, der 1488 vollendet wird. Und 1487 wird von Herzog Albrecht IV. das erste Reinheitsgebot für Münchner Bier erlassen.

Zu Beginn des 17. Jahrhunderts wird München unter Maximilian I. kurfürstliche Residenz, eine neue Befestigung wird angelegt, Residenzgebäude und Hofgarten werden fertiggestellt. 1632 muss sich die Stadt im 30-jährigen Krieg den Schweden ergeben. In den Folgejahren werden an die 7.000 Bürger Opfer der Pest, 1638 wird zum Dank für den Abzug der Schweden die Mariensäule errichtet.

Barock

Mit Kurfürst Ferdinand Maria beginnt in der Mitte des 17. Jahrhunderts auch in München die Zeit des Barock. 1663 wird vor den Toren der Stadt das Schloss Nymphenburg nach dem Vorbild von Versailles errichtet. Ab 1729 fängt der Rokoko-Künstler François Cuvilliés an, die im Jahr 1674 zum großen Teil abgebrannte Residenz neu zu errichten.

18. Jahrhundert

Unter Kurfürst Maximilian III. Joseph erfolgt 1759 in München die Gründung der Bayerischen Akademie der Wissenschaften, in den folgenden Jahren lebt und komponiert Wolfgang Amadeus Mozart in der Stadt. Gegen Ende des Jahrhunderts wird der Englische Garten angelegt.

19. Jahrhundert

Zu Beginn des 19. Jahrhunderts verbündet sich Bayern mit Frankreich, Napoleon Bonaparte zieht 1805 in die Hauptstadt ein und erhebt Bayern 1806 zum Königreich. Im Herbst 1810 heiratet Kronprinz Ludwig I. die sächsische Prinzessin Therese und wird mit seinen Hochzeitsfeierlichkeiten zum Begründer des Oktoberfests. München hat nun über 50.000 Einwohner. 1825 übernimmt er als König Ludwig I. die Regierung in Bayern. Er gründet die Universität und holt Mitte des Jahrhunderts so bekannte Künstler und Architekten wie Friedrich von Gärtner und Leo von Klenze in die Stadt. Prachtbauten wie das Siegestor, die Pinakotheken und die Glyptothek entstehen unter anderem in dieser Zeit. 1844 wird an der Theresienwiese die Bavaria aufgestellt. 1864 übernimmt Ludwig II. die Regierung, 1886 stirbt der „Märchenkönig" unter mysteriösen Umständen am Starnberger See, Prinzregent Luitpold regiert ab da das Land. Ende des Jahrhunderts erscheinen das Satireblatt „Simplicissimus" und die Zeitschrift „Jugend", die einer neuen Stilrichtung ihren Namen gibt.

20. Jahrhundert

Anfang des 20. Jahrhunderts beginnt Oskar von Miller mit dem Bau des Deutschen Museums. 1911 gründen Wassily Kandinsky und Franz Marc die Künstlergruppe „Der Blaue Reiter". Die Stadt hat nun schon an die 500.000 Einwohner. Nach dem 1. Weltkrieg endet mit Ludwig III. die Zeit der Monarchie, am 8.11.1918 erklärt Kurt Eisner Bayern zum Freistaat. 1923 scheitert der Putschversuch Adolf Hitlers im Kugelhagel an der Feldherrnhalle und München zählt nun schon 750.000 Bürger.

20. Jahrhundert

Ab 1933 wird die Stadt von den Nationalsozialisten unter Adolf Hitler zur „Hauptstadt der Bewegung" erkoren, 1937 wird das Haus der Deutschen Kunst eröffnet. Ab 1940 ist München das Ziel von Luftangriffen der Alliierten, deren Bomben die Stadt schwer zerstören. 1943 werden die Mitglieder der Widerstandsgruppe „Die Weiße Rose" verurteilt und hingerichtet.

Am 30. 4. 1945 marschieren US-Truppen ein und befreien die Stadt von der Herrschaft des Dritten Reiches. Nach schweren Wiedeaufbau-Jahren erlebt auch München die Zeit des Wirtschaftswunders, Ende der 1950er Jahre überschreitet die Einwohnerzahl die Million.

Durch die Ausrichtung der XX. Olympischen Sommerspiele 1972 erlangt München weltweite Bekanntheit, nicht zuletzt durch den entsetzlichen Überfall auf die israelische Olympiamannschaft. S- und U-Bahnen beginnen ihren Dienst, die Fußgängerzone wird eingeweiht, im Jahr 1974 wird im Olympiapark das Endspiel der Fußball-WM ausgetragen, Deutschland wird Weltmeister.

1992 zieht der Flughafen aus der Stadt hinaus ins Erdinger Moos, 1998 wird auf dem ehemaligen Flughafengelände in Riem die Neue Messe eröffnet.

Das neue Jahrtausend

In den 2000er Jahren entwickelt sich die bayerische Landeshauptstadt immer mehr zu einer der attraktivsten (und teuersten) Städte Deutschlands. Ein Bürgerentscheid bestimmt, dass im Stadtgebiet kein Gebäude mehr errichtet werden darf, das die Türme der Frauenkirche überragt. 2006 wird das neue Jüdische Zentrum am Jakobsplatz eingeweiht und im selben Jahr wird pünktlich zur Fußball-Weltmeisterschaft die neue Allianz-Arena eröffnet.

▸ *Am Eingang zum Neuen Rathaus, 60 mm, ISO 200, Blende 14, 1/60 Sekunde*

1 Hofgarten

Blumenpracht und Boule am Tempel

Der Hofgarten wurde zu Anfang des 17. Jahrhunderts von Kurfürst Maximilian I. als Renaissancegarten angelegt. Der kleine Park ist umgeben vom Festsaalbau der Residenz, von der Bayerischen Staatskanzlei und von langen Arkadengängen mit 125 Bögen. Haupteingang vom Odeonsplatz her ist das Hofgartentor, das erste Werk von Leo von Klenze in München (1816-17).

Im Zentrum der Anlage befindet sich der Dianatempel, im Jahr 1615 von Heinrich Schön erbaut. Der Pavillon ist mit acht Bögen ausgestattet, die auf die symmetrisch angelegten Wege des Hofgartens hinausführen. Mit seinen vier Muschelbrunnen ist der Tempel ein beliebter Platz für Straßenmusiker, die Klassisches zum Besten geben, manchmal finden öffentliche Konzerte statt. Das Dach des Dianatempels krönt eine Kopie der Tellus-Bavarica-Bronzestatue aus dem Jahr 1623.

Im 2. Weltkrieg wurde der Hofgarten völlig zerstört. Für die Wiederherstellung der Anlage fand man einen guten Kompromiss zwischen der ursprünglichen Ausführung aus dem 17. Jahrhundert und dem Stil der englischen Landschaftsgärten des 19. Jahrhunderts.

Heute gehört der Hofgarten zu den beliebten Münchner Stadtparks. Ein Café im Garten lockt Besucher an, auf den Kieswegen im Norden wird Boule gespielt.

Für Hofgarten-Fotos ist man am besten schon früh unterwegs, möglichst an einem Wochenende. Dann gibt es freie Parkplätze an der Ludwigstraße und man trifft freundliche Menschen: Fotografen-Kollegen, wenige Touristen, Jogger, Frauchen, Herrchen, Hundchen und die dienstbereiten Polizisten von Innenministerium und Staatskanzlei. Bodennahe Kamerapositionen beziehen Blumenrabatten mit ein, im frühen Licht sind die „schlafenden" Tische und Stühle des Café Tambosi ein interessantes Motiv.

◂ *24 mm, ISO 100, Blende 14, 1/80 Sekunde*
▸ *28 mm, ISO 200, Blende 16, 1/8 Sekunde*
▸▸ *85 mm, ISO 400, Blende 16, 1/125 Sekunde*

Beste Zeit:
morgens

Adresse:
Hofgartenstraße

:
U-Bahn U3/U4/U5/U6
Haltestelle Odeonsplatz

Mit dem Auto:
Parkplätze entlang der Ludwigstraße und Galeriestraße

Fotoausrüstung:
SLR mit WW bis leichtem Tele und Winkelsucher oder Kompaktkamera mit Schwenkdisplay

2 Herkulessaal

Perfekte Akustik unter alten Teppichen

Beste Zeit:
morgens

Adresse:
Hofgartenstraße

:
U-Bahn U3/U4/U5/U6
Haltestelle Odeonsplatz

Mit dem Auto:
Parkplätze entlang der Galeriestraße und Ludwigstraße

Fotoausrüstung:
SLR mit WW bis Normal oder Kompaktkamera

Der Herkulessaal der Münchner Residenz wurde im Zuge des Wiederaufbaus nach dem 2. Weltkrieg errichtet, ist also ein relativ „neues" Bauwerk. Er steht an der Stelle des früheren Thronsaals von König Ludwig I. und war bis zur Eröffnung der Philharmonie am Gasteig der wichtigste Konzertsaal in München. Er verfügt über eine ausgezeichnete Akustik und wird deshalb auch heute vor allem für klassische Konzerte genutzt, unter anderem vom Symphonieorchester des Bayerischen Rundfunks und vom Bayerischen Staatsorchester. Der Herkulessaal bietet Platz für rund 1.300 Besucher.

Der Name „Herkulessaal" geht auf den altgriechischen Herkules-Mythos zurück, der auf einer Reihe von Antwerpener Wandteppichen aus dem Jahr 1565 dargestellt ist, die im Saal und im Foyer hängen.

Die imposante Fassade des Festsaalbaus der Residenz wirkt besonders beeindruckend im frühen Morgenlicht. Später entstehen lange Schatten, die unter anderem die Kassettentüren verdunkeln.

▲ *24 mm, ISO 200, Blende 16, 1/80 Sekunde*
▶ *50 mm, ISO 200, Blende 16, 1/60 Sekunde*
▶▶ *50 mm, ISO 100, Blende 14, 1/80 Sekunde*

3 Feldherrnhalle

Kein Bayer und kein Feldherr

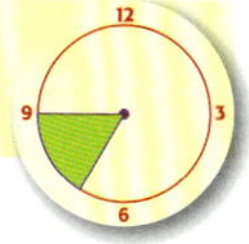

In unmittelbarer Nähe der Residenz, am südlichen Ende des Odeonsplatzes, ließ König Ludwig I. in den Jahren 1841 - 1844 eine Gedenkhalle zu Ehren des Bayerischen Heeres errichten. Als Vorbild für das Bauwerk diente dem Architekten Friedrich von Gärtner die Loggia dei Lanzi in Florenz. Die „Halle verdienter Heerführer" wurde als prominenter Anfangspunkt der prächtigen Ludwigstraße geplant, als „Gegenstück" zum gut 1,2 Kilometer entfernten Siegestor.

Neben dem Denkmal für die bayerische Armee von 1892, an der mittleren Rückseite der Halle, finden sich die Figuren der Generäle Graf von Tilly und Fürst von Wrede in den beiden Seitenarkaden. Beide Standbilder wurden von Ludwig von Schwanthaler aus der Bronze eingeschmolzener Kanonen gegossen. Alteingesessene Münchner lächeln gern über die Bayerische Feldherrnhalle, die ihrer Ansicht nach diesen Namen nicht verdient. Gilt doch in ihren Augen für die beiden Hauptfiguren Tilly und Wrede: „Der eine war kein Bayer und der andere war kein Feldherr."

Am 9. November 1923 kam es zum folgenschweren „Marsch auf die Feldherrnhalle", an dessen Ende hier der Putschversuch von Adolf Hitler und seinen Anhängern im Kugelhagel der Polizei gestoppt wurde. Aus diesem Grund wurde die Feldherrnhalle im Dritten Reich zu einem Kultort der NS-Propaganda erhoben. Jeder Passant musste eine hier angebrachte Gedenktafel mit den Hitlergruß ehren (siehe Ziel 31).

Auch hier sollte man schon früh vor Ort sein. Dann fällt genügend Licht unter die Bögen der Feldherrnhalle und die Theatinerkirche strahlt in reinem Gelborange. Eine geschlossene Blende sorgt für Schärfentiefe. Für das Bild rechts war ein kleiner Klimmzug auf die Mauer hinter der Löwenstatue nötig, ein leicht gekippter Blitz hat die Mähne aufgehellt.

◂ *50 mm, ISO 100, Blende 22, 1/50 Sekunde*
▸ *24 mm, ISO 100, Blende 14, 1/40 Sekunde, Blitz*

Beste Zeit:
morgens

Adresse:
Odeonsplatz

:
U-Bahn U3/U4/U5/U6
Haltestelle Odeonsplatz

Mit dem Auto:
Parkplätze entlang der Ludwigstraße

Fotoausrüstung:
SLR mit WW bis Normal und Systemblitz oder Kompaktkamera mit integriertem Blitz

4 Alte Münze

Vorzeigeobjekt der Denkmalpfleger

Beste Zeit:
am Vormittag

Adresse:
Hofgraben 4

:
S-Bahn Stammstrecke
U-Bahn U3/U6
Haltestelle Marienplatz
Tram Linie 19
Haltestelle
Nationaltheater

Mit dem Auto:
Parkplätze entlang der Maximilianstraße, Parkgarage an der Oper

Fotoausrüstung:
SLR mit WW bis Normal und Winkelsucher oder Kompaktkamera mit Schwenkdisplay

Hinter einer unscheinbaren Fassade zwischen Nationaltheater und Altem Hof verbirgt sich der Arkadenhof der Alten Münze. Das Gebäude wurde von 1563 bis 1567 im Auftrag von Herzog Albrecht V. errichtet. Es war sowohl Marstall als auch „Kunst- und Wunderkammer“ des Fürsten. Besonders eindrucksvoll ist der dreigeschossige Renaissance-Innenhof mit seinen gedrungenen Laubengängen.

1807 wurde das Gebäude zum Hauptmünzamt des Königreichs Bayern umgebaut, 1809 entstand die klassizistische Fassade am Hofgraben. Im 2. Weltkrieg wurde das Haus durch Bombenangriffe schwer beschädigt. Seit 1986 ist die Alte Münze Sitz des Bayerischen Landesamtes für Denkmalpflege und öffentlich zugänglich, bis 1995 wurde sie aufwändig renoviert.

Für den Innenhof der Alten Münze haben sich zwei ganz unterschiedliche Perspektiven angeboten: auf den Knien knapp über dem Steinboden des Innenhofes oder „eher brav“ in den Arkaden im zentralen Mittelgeschoß. Ein sonniger Tag lässt die rosa Säulen leuchten.

▲ *28 mm, ISO 200, Blende 8, 1/125 Sekunde*
▶ *50 mm, ISO 200, Blende 11, 1/125 Sekunde*

5 Museum Brandhorst

Kunst hinter Keramikstäben

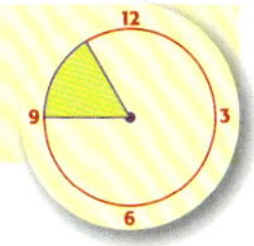

Im Norden der Pinakothek der Moderne steht seit 2009 das farbenfrohe Gebäude des Museums Brandhorst. Es ist Teil des Kunstareals München (u.a. Ziel 18-20).

Die Sammlung – eine Stiftung des Henkel-Erben Udo Brandhorst – zeigt auf rund 3.200 m² Ausstellungsfläche Werke der klassischen Moderne und namhafter Künstler der 2. Hälfte des letzten Jahrhunderts. Unter anderem sind Arbeiten von Cy Twombly, Andy Warhol und Sigmar Polke zu sehen.

Das Museum Brandhorst macht durch sein farbenfrohes Äußeres auf sich aufmerksam. An den Außenseiten des Gebäudes wurden 36.000 Keramikstäbe in 23 Farbnuancen angebracht. Je nach Standort des Betrachters verändern die Stäbe ihren Farbton.

Die Farben der „Lattung" kommen besonders zur Geltung, wenn die Sonne im rechten Winkel zur Wand steht. Dann wird ihre Leuchtkraft nur wenig durch Schattenwurf gemindert. Der frühe Vormittag ist eine gute Zeit, die gegenüberliegende Seite der Türkenstraße ein passender Ort. Andere Betrachtungswinkel ergeben neue Farbanmutungen. Eine geschlossene Blende sichert durchgängige Schärfe.

Beste Zeit:
am Vormittag

Adresse:
Theresienstraße 35 a

S U Tram:
U-Bahn U3/U6
Haltestelle Universität,
Tram Linie 27
Haltestelle Pinakotheken

P Mit dem Auto:
Parkplätze entlang der Theresienstraße und Gabelsbergerstraße

Fotoausrüstung:
SLR mit WW bis leichtem Tele oder Kompaktkamera

◄ *80 mm, ISO 200, Blende 7,1, 1/500 Sekunde*
▲ *28 mm, ISO 200, Blende 7,1, 1/320 Sekunde*

6 Brunnenbuberl

Badehosen für den Künstler

Beste Zeit:
am Vormittag

Adresse:
Neuhauser Straße 20

:
S-Bahn Stammstrecke
U-Bahn U4/U5
Tram Linie
16/17/18/19/20/21/27
Haltestelle Karlsplatz
(Stachus)

Mit dem Auto:
Stachus-Tiefgarage

Fotoausrüstung:
SLR mit Normal bis leichtem Tele oder Kompaktkamera

Der kleine Jugendstil-Brunnen steht an einer Hausecke in der Fußgängerzone an der Rückseite des Karlstors. Dort wird er häufig übersehen. Früher hatte er seinen Platz direkt auf dem Stachus (Ziel 7), wo er als Geschenk seines Schöpfers Matthias Gasteiger aufgestellt wurde.

Der Brunnen stellt einen Faun dar, dem ein nackiger Knabe den Wasserhahn zuhält und der dafür von dem Satyr kräftig angespuckt wird.

Der Münchner Künstler Matthias Gasteiger schuf die Figurengruppe im Jahr 1895 und erregte damit auch sogleich den Ärger der Münchner Bürger, die natürlich Anstoß an der Nacktheit des Buben nahmen. Trotz der Zusendung von über 300 Badehosen aus der Bevölkerung und der persönlichen Intervention durch Prinzregent Luitpold blieben der damals namhafte Künstler hart und der Knabe in Folge unbekleidet.

Nicht überall zeigte man sich so prüde wie in der bayerischen Landeshauptstadt. Gasteiger kreierte – nachdem er einen hohen Kunstpreis für das Brunnenbuberl erhalten hatte – noch neun weitere Brunnen in der gleichen Art, die unter anderem in Berlin, Erlangen, Antwerpen und Wien stehen und sogar bis nach Kanada und in die USA „auswandern" durften.

Wenn die kleine Figur des Brunnenbuberls nicht gerade von Menschen umlagert ist, die sich zu ihren Füßen zur Rast niederlassen, zeigt sie sich am Vormittag im schönsten Licht. Interessant ist der Kopf des Satyrs vor den Zinnen des Karlstors, bei offener Blende bilden diese einen sanft unscharfen Hintergrund. Achtung auf die Kamera – bei stärkerem Wind oder spielenden Kindern lässt sich der Satyr durchaus zu wilden Wasserspritzern hinreißen.

◂ *40 mm, ISO 100, Blende 11, 1/125 Sekunde*
▸ *105 mm, ISO 100, Blende 7,1, 1/400 Sekunde*

7 Karlsplatz (Stachus)

Viel Rummel am Platz des Eustachius

Beste Zeit:
mittags

Adresse:
Karlsplatz (Stachus)

Achtung:
erheblicher Auto- und Trambahnverkehr

S U Tram:
S-Bahn Stammstrecke
U-Bahn U4/U5
Tram Linie 16/17/18/19/20/21/27
Haltestelle Karlsplatz (Stachus)

Mit dem Auto:
Stachus-Tiefgarage

Fotoausrüstung:
SLR mit WW bis leichtem Tele oder Kompaktkamera

„Da geht's ja zua wia auf'm Stachus..." – diese Münchner Redewendung sagt viel: Dieser Platz ist einer der verkehrsreichsten in Deutschland. Seinen Kosenamen hat er von dem Wirt Eustachius Föderl, der hier im 18. Jahrhundert ein einträgliches Gasthaus mit dem Namen „Stachusgarten" betrieb. Eigentlich ist der Platz ja nach dem höchst unbeliebten Kurfürsten Karl Theodor benannt – vielleicht ein Grund dafür, dass die Münchner ihren Karlsplatz lieber „Stachus" nennen.

Um 1900 erstellte der Architekt Gabriel von Seidl die beiden Rondellbauten im Osten des Platzes. Im Zuge von S-Bahnbau und Fußgängerzone wurden 1972 der Stachusbrunnen und die unterirdischen Einkaufspassagen errichtet. Übrigens: Die McDonalds-Filiale hier ist weltweit eine der umsatzstärksten.

Breite Straßen, ein Riesenplatz und eine Menge Wasser sind hier geboten. Für das Panoramabild ist die mutige Überquerung der Sonnenstraße angesagt, höchste Aufmerksamkeit muss nicht nur dem Autoverkehr, sondern auch den Trambahnen zukommen. Für die Wasserratten ist nicht mehr nötig als Sonne, ein wenig Geduld und ein Putztuch für die Linse.

▲ *24 mm, ISO 100, Blende 20, 1/40 Sekunde*
▶ *90 mm, ISO 100, Blende 16, 1/80 Sekunde*
▶▶ *105 mm, ISO 100, Blende 13, 1/125 Sekunde (beide Bilder)*

CAFE
SCHNEIDER WEISSE
STACHERIAS

8 Königsplatz

... fast schon ein bisschen wie Athen

Beste Zeit:
mittags

Adresse:
Königsplatz

S U Tram:
U-Bahn U2
Haltestelle Königsplatz

Mit dem Auto:
Parkplätze entlang der Luisen- und Arcisstraße

Fotoausrüstung:
SLR mit WW, Winkelsucher und Systemblitz oder Kompaktkamera mit Schwenkmonitor und integriertem Blitz

Die Briennerstraße war zur Zeit König Ludwigs I. der Hauptweg von der Residenz nach Nymphenburg. Deshalb erhielt der Architekt Karl von Fischer den Auftrag, entlang dieser Straße repräsentative Plätze zu schaffen.

Für den Königsplatz nahm sich Fischer die Akropolis in Athen zum Vorbild. Er erweiterte die Briennerstraße und plante einen von griechischen Tempeln umrahmten Platz, auf dem klassizistische Bauten im Kontrast zu grünen Rasenflächen stehen sollten. Fischer starb jedoch früh und so übernahm Leo von Klenze 1815 seine Konzeption. Er umgab den Platz mit der Antikensammlung von Georg F. Ziebland und seinen Bauten Glyptothek (Ziel 9) und Propyläen. Um den Eindruck antiker Tempelanlagen zu verstärken, baute Klenze den gesamten Platz zur Mitte hin leicht abfallend.

Ab 1934 begannen die Nationalsozialisten mit dem Umbau Münchens zur „Hauptstadt der Bewegung". Auf dem „Königlichen Platz" wurden Granitplatten verlegt, im Osten wurde er durch NS-Verwaltungsbauten und zwei Ehrentempel komplett verändert. Bücherverbrennungen und Aufmärsche bestimmten nun das Bild.

1947 sprengte die US-Armee die beiden Ehrentempel, erst 1988 wurden die Platten entfernt und der Platz wieder in seine ursprüngliche Form zurückgebaut.

Neben der antiken Anmutung des Ensembles am Königsplatz sind vor allem Strukturen interessant, die aus extremeren Blickwinkeln zur Geltung kommen. „Sport" ist also angesagt. Der Platz ist am fotogensten nach Überwindung eines kleinen Geländers an den Staatlichen Antikensammlungen, die Pflasterung schickt den Fotografen tief zu Boden und die Decke der Propyläen zeigt sich am eindrucksvollsten mit weit überstrecktem Genick oder in der Rückenlage, ein Blitz sorgt hier für zusätzliches Licht.

◂ *24 mm, ISO 100, Blende 16, 1/100 Sekunde*
▸ *24 mm, ISO 640, Blende 11, 1/20 Sekunde, Blitz*
▸▸ *24 mm, ISO 100, Blende 16, 1/80 Sekunde*

HADRIAN

9 Glyptothek

Griechische Skulpturen und italienischer Kaffee

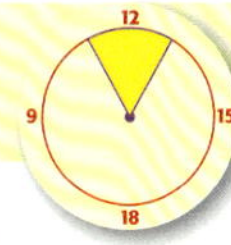

Nach den vorausgegangenen Plänen des verstorbenen Architekten Karl von Fischer übernahm der Baumeister Leo von Klenze im Jahr 1815 den Auftrag zur Gestaltung des Königsplatzes (Ziel 8).

Mit der Glyptothek erbaute er für König Ludwig I. von 1816 bis 1830 ein Gebäude, in dem der begeisterte Sammler seine zahlreichen griechischen und römischen Plastiken adäquat präsentieren konnte. Mit dem klassizistischen Bau schuf Klenze das erste öffentlich zugängliche Museum Münchens und begründete den Ruf der Stadt als „Isar-Athen".

Die Hauptfassade der Glyptothek ist im Stil eines griechischen Tempels mit zwölf ionischen Säulen erbaut, darüber thront im Giebel die Figur der Athena, Schirmherrin der Künste und Wissenschaften. Die Außenwände des Gebäudes enthalten Nischen mit Skulpturen aus der griechischen Mythologie. Um einen nicht überdachten Innenhof sind 13 Säle gebaut.

In der Glyptothek sind unter vielem anderen der Barberinische Faun und die wertvollen Giebelfiguren des Aphaia-Tempels in Ägina, die so genannten Ägineten, zu besichtigen.

Im 2.Weltkrieg wurde ein großer Teil der Glyptothek Opfer der alliierten Bombenangriffe, die Exponate waren zum Glück bereits ausgelagert. 1947 begann man mit dem Wiederaufbau, die Baumaßnahmen zogen sich bis ins Jahr 1972. Sehr zu empfehlen ist das kleine Café, das sich zu einer Oase der Ruhe für die Münchner entwickelt hat.

Die ionischen Säulen der Tempelfront der Glyptothek bilden einen passenden Rahmen für den Blick auf das Lenbachhaus (Ziel 10), es empfiehlt sich aber, ihnen mittels Blitz die Schatten zu nehmen. Im Innenhof findet sich nach einer kleinen Pause bei Kaffee und Kuchen noch so manches lohnende Motiv.

Beste Zeit:
mittags

Adresse:
Königsplatz 3

Achtung:
Auch für das Café im Innenhof ist ein kleiner Eintritt zu entrichten

S U Tram:
U-Bahn U2
Haltestelle Königsplatz

Mit dem Auto:
Parkplätze entlang der Luisen- und Arcisstraße

Fotoausrüstung:
SLR mit WW und Systemblitz oder Kompaktkamera mit integriertem Blitz

◀ *28 mm, ISO 100, Blende 16, 1/60 Sekunde*
▶ *32 mm, ISO 200, Blende 16, 1/80 Sekunde, Blitz*

10 Lenbachhaus

„Blauer Reiter“ und „Zeige Deine Wunde“

Das Lenbachhaus wurde Ende des 19. Jahrhunderts von Gabriel von Seidl als toskanische Villa für den Münchner „Malerfürsten“ Franz von Lenbach erbaut. 1924 verkaufte dessen Witwe Lolo das Haus an die Stadt. Ende der 20er und Ende der 60er Jahre des letzten Jahrhunderts wurde das Gebäude durch Anbauten erweitert. Einige Räume der Lenbachvilla befinden sich aber noch im ursprünglichen Zustand.

Seit 1929 ist das Lenbachhaus Städtische Galerie. Es wurde durch seine einzigartige Sammlung von Werken des „Blauen Reiters“ weltbekannt. Vor allem durch eine großzügige Schenkung von Gabriele Münter gelangte das Museum in den Besitz einer großen Anzahl von Bildern und Grafiken von Wassily Kandinsky und von ihr selbst. Neben Werken von Paul Klee, Franz Marc und August Macke finden sich in den Ausstellungsräumen Gemälde des 18. und 19. Jahrhunderts, aus der Zeit des Jugendstils und der Neuen Sachlichkeit.

1980 erwarb das Lenbachhaus die Installation „Zeige Deine Wunde“ von Joseph Beuys und begann, sich für Kunstwerke aktuellerer Epochen und der Gegenwart zu interessieren. Zu besichtigen sind unter anderem Werke von Gerhard Richter und Andy Warhol.

1994 wurde ein bis dahin nicht genutzter unterirdischer Raum der U-Bahnstation Königsplatz dem Lenbachhaus zugesprochen. Der riesige „Kunstbau“ wird seither für Wechselausstellungen genutzt.

Ein warmes Gelb ist die vorherrschende Farbe am Lenbachhaus und dem davorliegenden Museumsplatz, es präsentiert sich am schönsten um die Mittagszeit. Stechend harte Strahlen sind hier nicht gefragt, weiches Sonnenlicht bringt die gewünschte Leuchtkraft. Das Warten auf eine kleine, „halbdurchlässige“ Wolke kann sich also durchaus lohnen.

◂ *28 mm, ISO 200, Blende 7,1, 1/400 Sekunde*
▸ *32 mm, ISO 100, Blende 22, 1/15 Sekunde*
▸▸ *130 mm, ISO 100, Blende 9, 1/50 Sekunde*

Beste Zeit:
mittags

Adresse:
Luisenstraße 33

Achtung:
Das Café im Garten des Lenbachhauses ist ein echter Geheimtipp

S U Tram:
U-Bahn U2
Haltestelle Königsplatz

Mit dem Auto:
Parkplätze entlang der Luisenstraße

Fotoausrüstung:
SLR mit WW bis leichtem Tele oder Kompaktkamera

HOTEL

11 Isartor

Siegeszug und Valentin

Da die Stadt rasant wuchs, wurde zu Beginn des 14. Jahrhunderts eine neue Befestigungsanlage nötig. Das im Osten gelegene Isartor war der zuletzt fertiggestellte Teil dieses Rings. Heute ist es das am besten erhaltene Münchner Stadttor. Im Jahr 1833 erhielt Friedrich von Gärtner von König Ludwig I. den Auftrag, das Isartor zu restaurieren und umzugestalten. Dabei wurde auf der Feldseite von Bernhard Neher ein großes Fresko angebracht, das Kaiser Ludwig den Bayern 1322 bei seiner siegreichen Heimkehr von der Schlacht bei Ampfing gegen die Habsburger zeigt.

In den Türmen des Isartors befinden sich das originelle „Valentin-Karlstadt-Musäum" und ein kleines Café.

Der Blick durch die ineinander verschachtelten Torbogen am Isartor ist durchaus interessant, fordert aber vom Fotografen, sich nah am Boden aufzuhalten. Dann kommt auch die Pflasterung des Durchgangs zur Geltung. Für die Aufnahme des Siegeszugs ist ein beherzter Rückwärts-Schritt auf die Straße nötig. Zwischen zwei Ampelphasen gibt es durchaus einen autofreien Foto-Moment, aber: Geduld und Vorsicht!

Beste Zeit:
mittags

Adresse:
Tal 50 / Isartorplatz

Achtung:
Starker Straßenverkehr

S U Tram:
S-Bahn Stammstrecke
Trambahn Linie 17/18
Haltestelle Isartor

Mit dem Auto:
Parkplätze am Thomas-Wimmer-Ring

Fotoausrüstung:
SLR mit WW bis Normal und Winkelsucher oder Kompaktkamera mit Schwenkdisplay

▲ *35 mm, ISO 200, Blende 16, 1/125 Sekunde*
◄ *24 mm, ISO 200, Blende 20, 1/100 Sekunde*

12 Alter Peter – Neues Rathaus

Aug' in Aug' mit dem Münchner Kindl

Beste Zeit:
mittags

Adresse:
Marienplatz,
Turm vom St. Peter
Rindermarkt 1

:
S-Bahn Stammstrecke
U-Bahn U3/U6
Haltestelle Marienplatz

Mit dem Auto:
Parkhaus am
Färbergraben

Fotoausrüstung:
SLR mit WW und Tele oder Kompaktkamera, möglichst wenig Ausrüstung mitnehmen

St. Peter, die älteste Kirche Münchens, wurde vermutlich schon von den ersten Siedlern errichtet. Nach der Gründung Münchens im 12. Jahrhundert ließ Otto I. von Wittelsbach den ursprünglichen Holzbau umgestalten. 1190 wurde die Kirche geweiht. Im Lauf der Jahrhunderte wurde St. Peter mehrfach umgebaut und erweitert, der markante 91 Meter hohe Turm, der „Alte Peter", entstand im Jahr 1386. Im 18. Jahrhundert hielt das Rokoko in der Peterskirche Einzug. Chor und Hochaltar wurden dem damals neuen Stil angepasst, kunstvolle Stuckarbeiten und Fresken namhafter Künstler bereichern seither den Kirchenraum. 1944/45 wurde die Kirche fast völlig zerstört, ihr Abriss war geplant. Dem Einsatz von Kardinal Faulhaber und der Münchner Bürger ist zu verdanken, dass St. Peter in den 1950er Jahren doch gerettet wurde. Die Restaurierung des Innenraumes dauerte bis ins Jahr 2000.

Der Blick von der Galerie des Alten Peter geht hinunter auf den Marienplatz und zum Neuen Rathaus. Der Gebäudekomplex aus Backstein und Muschelkalk wurde von 1867 bis 1908 in mehreren Bauabschnitten im Stil der flämischen Gotik errichtet. Auf der Spitze des 85 Meter hohen Rathausturmes steht die Bronzefigur des „Münchner Kindls". Die offizielle Wappenfigur der Landeshauptstadt stellt einen Mönch in schwarzer, goldgeränderter Kutte dar. Der Turm beherbergt zudem seit 1908 eines der größten und bekanntesten Glockenspiele Europas (siehe Ziel 13).

Für die atemberaubende Aussicht vom „Alten Peter" nimmt man die Eintrittsgebühr und die 306 Stufen bis zur Galerie gern in Kauf. Bei Föhnwetter ist neben dem Blick zum Münchner Kindl auf dem Rathausturm auch eine spektakuläre Sicht auf die Alpenkette garantiert. Es ist recht eng zwischen Turmwand und Schutzgitter und drängelnde Besucher machen dem Fotografen oft Mühe. Die lohnt sich aber!

◂ *24 mm, ISO 100, Blende 13, 1/60 Sekunde*
▸ *400 mm, ISO 100, Blende 8, 1/60 Sekunde*

83

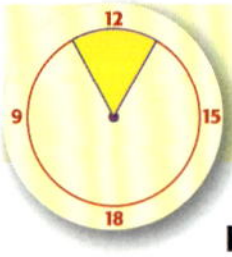

13 Marienplatz

Japaner, Münchner, Glockenspiel

Beste Zeit:
mittags

Adresse:
Marienplatz

Achtung:
Bus-, Taxi-, Radverkehr

S U Tram:
S-Bahn Stammstrecke
U-Bahn U3/U6
Haltestelle Marienplatz

Mit dem Auto:
Parkhaus am Färbergraben

Fotoausrüstung:
SLR mit Tele oder Kompaktkamera, Stativ

Der Marienplatz ist das Zentrum der bayerischen Landeshauptstadt. Schon zu Zeiten Herzog Heinrichs des Löwen wurde hier der tägliche Markt abgehalten, seit Jahrhunderten spielt sich ein Großteil des öffentlichen und politischen Lebens der Stadt München auf diesem Platz ab.

Mitten im 30-jährigen Krieg, im Jahr 1638, ließ Kurfürst Maximilian I. zum Dank für den Abzug der schwedischen Besatzer in der Mitte des Platzes die Mariensäule mit der „Patrona Bavariae" errichten. 1972 wurde der Marienplatz vom bis dahin tobenden Verkehr befreit und in die Münchner Fußgängerzone eingebunden.

Tausende von Besuchern versammeln sich täglich hier, um das weltbekannte Glockenspiel im Rathausturm mitzuerleben. Um 11.00 Uhr (im Sommer auch um 12.00, 17.00 und 21.00 Uhr) erklingen die 43 Glocken mit der berühmten Melodie und die Figuren beginnen sich zu drehen. Der obere Teil des Glockenspieles zeigt nun Szenen eines Ritterturniers, das an die Hochzeit von Herzog Wilhelm V. erinnert. In der unteren Etage wird der traditionelle Münchner Schäfflertanz aufgeführt, mit dem die Fassmacher 1517 auf die Straßen zogen und den Bürgern das Ende der Pest anzeigten.

Während sich alle Augen nach oben wenden, wo sich (hinter leider unfotogenen Taubenschutzgittern) die Figuren des Glockenspiels drehen, kann sich der Blick des Fotografen auch durchaus auf die Menge der Touristen richten. „Kollegen"-Fotografie – einmal anders. Für verwacklungsfreie Bilder der Mariensäule vor dem Hintergrund der Frauenkirche ist wegen der langen Brennweite ein Stativ von Vorteil. Ein guter Standpunkt ist dort, wo der Rindermarkt in den Marienplatz einmündet. Vorsicht, hier ist Bus-, Taxi-, Rad- und Rikschaverkehr erlaubt.

◂ *105 mm, ISO 200, Blende 10, 1/250 Sekunde*
▸ *300 mm, ISO 200, Blende 7,1, 1/200 Sekunde (beide Bilder)*
▸▸ *400 mm, ISO 400, Blende 20, 1/400 Sekunde*

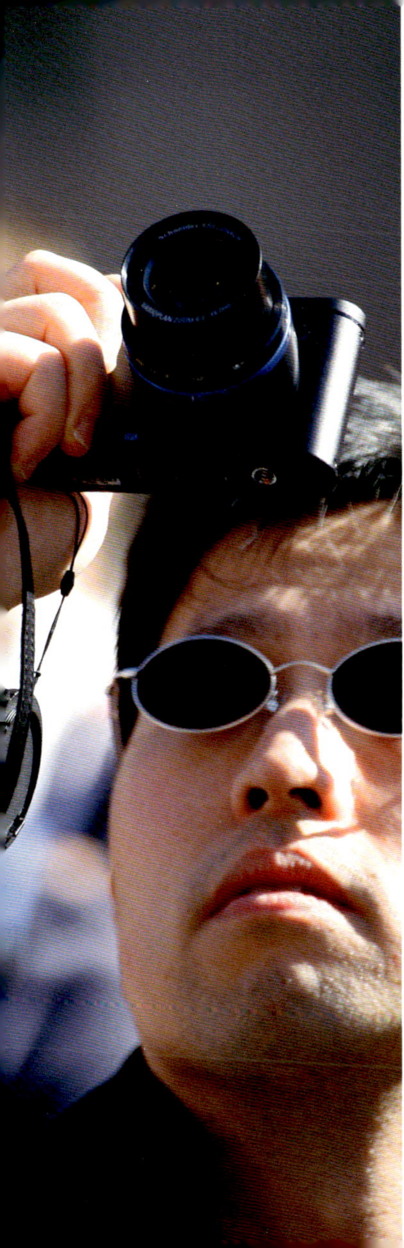

Kenko UV

14 Fußgängerzone

Shopperglück und Freiluft-Brotzeit

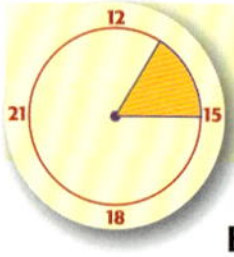

Beste Zeit:
am frühen Nachmittag

Adresse:
Kaufinger-, Neuhauser- und Theatinerstraße

S U :
S-Bahn Stammstrecke
U-Bahn U3/U6
bzw. U4/U5
Haltestellen Marienplatz oder Karlsplatz (Stachus)

P **Mit dem Auto:**
Parkhaus am Färbergraben

Fotoausrüstung:
SLR mit WW bis Tele oder Kompaktkamera

Die Fußgängerzone rund um Stachus und Marienplatz lädt täglich unzählige Münchner und Besucher zum Flanieren und Shoppen ein.

Die Bausubstanz der im Mittelalter durch die Münchner Altstadt laufenden Salzstraße wurde im 2. Weltkrieg weitgehend zerstört und in den 1950er und 1960er Jahren durch neue Geschäftshäuser und Passagen ersetzt. Kirchen und Museen wurden restauriert.

Anlässlich der Sommerolympiade 1972 wurden Kaufinger-, Neuhauser- und Theatinerstraße sowie einige kleinere Straßen der Innenstadt zur Fußgängerzone umgestaltet. Ein erheblicher Teil der Altstadt vom Stachus zum Marienplatz und weiter zum Odeonsplatz wurde für den Autoverkehr gesperrt. In diesen verkehrsfreien Bereich wurden auch die Gebiete um die Frauenkirche und den Viktualienmarkt eingebunden. Damit hat München eines der größten zusammenhängenden Fußgängergebiete in Deutschland.

Die Grundstückspreise und Mieten für Läden und Büros sind astronomisch hoch. Dennoch haben sich eine Vielzahl bekannter Markengeschäfte und Kaufhäuser hier etabliert, daneben gibt es aber auch noch einige kleine Münchner Fachgeschäfte.

Auch Traditionsgaststätten mit hervorragender bayerischer Küche und bekannten Biersorten sind hier zu finden. Gerade im Sommer ist eine Freiluft-Brotzeit an den Tischen in der Fußgängerzone ein Erlebnis.

Vom Kleinkünstler bis zur Big Band – die Protagonisten in der Fußgängerzone sind vielfältig und international. Hier gibt es immer genug Fotomotive, vor allem für schnelle Schnappschüsse. Deshalb – wenn möglich – die Kamera bereits vorher auf kurze Belichtungszeiten einstellen, das verhindert im Eifer des Gefechts verwackelte Bilder.

◂ *32 mm, ISO 200, Blende 14, 1/125 Sekunde*
▸ *95 mm, ISO 200, Blende 16, 1/100 Sekunde*

15 Polizeipräsidium

Wo „Derrick" seinen Dienst versah

Beste Zeit:
am frühen Nachmittag

Adresse:
Ettstraße 2

:
S-Bahn Stammstrecke
U-Bahn U3/U6
bzw. U4/U5
Haltestelle Marienplatz
oder Karlsplatz (Stachus)

Mit dem Auto:
Parkhaus
am Färbergraben

Fotoausrüstung:
SLR mit WW bis Normal
oder Kompaktkamera

So hätte er sich das sicher nicht vorgestellt, der Hoforganist Kaspar Ett, der in der ersten Hälfte des 19. Jahrhunderts in München lebte und wirkte. Dass dem bekannten Komponisten und Musiklehrer von König Maximilian II. eine Straße gewidmet würde, ja gern. Aber dass heute mit dem Namen „Ettstraße" statt seiner Person Polizeibeamte und Kriminelle verbunden werden, das hätte er wohl nicht gewollt.

Von 1910 bis 1914 wurde wegen akuten Platzmangels auf dem Gelände des ehemaligen Augustinerklosters das Polizeipräsidium München erbaut. Dem Architekten Theodor Fischer gelang es, das Gelände optimal für einen weitläufigen Komplex zu nutzen.

Das Polizeipräsidium München (PPM) ist zuständig für Stadt und Landkreis München sowie für einige kleine angrenzende Gemeinden. Sein Einzugsbereich umfasst ca. 1.000 km² mit 1,6 Millionen Einwohnern, die von rund 6.000 Beamten betreut werden.

Das Gebäude an der Ettstraße ist aber vor allem durch zahlreiche Fernsehserien weltweit bekannt geworden. In den Jahren 1969 bis 1976 strahlte das ZDF die Krimiserie „Der Kommissar" mit Erik Ode aus. Von 1974 bis 1998 ermittelte hier Horst Tappert als „Oberinspektor Derrick" in 281 Folgen. „Derrick" wurde in 30 Sprachen synchronisiert und in 102 Ländern gesendet. Seit 1977 spielt die Serie „Der Alte" in der Ettstraße, heute bereits in der dritten Schauspielergeneration.

Vor allem die grafischen Strukturen des Polizeipräsidiums sind interessante Fotomotive. Giebel, Türmchen, Gitter, Laternen und nicht zuletzt die in Grün geschwungene Form des Gebäudetrakts an der Augustinerstraße mit den pinkfarbenen Telefonpunkten sind sicher einen Besuch wert.

◂ *60 mm, ISO 200, Blende 16, 1/200 Sekunde*
▸ *40 mm, ISO 200, Blende 16, 1/100 Sekunde*
▸▸ *24 mm, ISO 100, Blende 4,5, 1/25 Sekunde*

POLIZEI

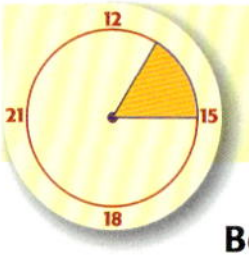

16 Dom zu Unserer Lieben Frau

Backsteinbau mit Leichtigkeit

Beste Zeit:
am frühen Nachmittag

Adresse:
Frauenplatz

Achtung:
angemessene Kleidung ist im Dom erwünscht

S U Tram:
S-Bahn Stammstrecke
U-Bahn U3/U6
bzw. U4/U5
Haltestelle Marienplatz
oder Karlsplatz (Stachus)

Mit dem Auto:
Parkhaus
am Färbergraben

Fotoausrüstung:
SLR mit WW bis Normal oder Kompaktkamera, Stativ oder Erbsenbeutel

Der Dom zu Unserer Lieben Frau ist die Kathedrale des Erzbistums von München und Freising. Er gilt als Wahrzeichen der Landeshauptstadt und wird im Volksmund meist nur „Frauenkirche" genannt.

Bereits in der Mitte des 13. Jahrhunderts errichteten die Wittelsbacher am Rande ihrer damaligen Residenz eine Pfarrkirche. Die enorm steigende Bevölkerungszahl machte gegen Mitte des 15. Jahrhunderts einen Neubau notwendig. Jörg von Halsbach, der zur gleichen Zeit auch das Alte Rathaus plante, erhielt den Bauauftrag. Da die nächsten Natursteinbrüche zu weit von der Stadt entfernt lagen, entschied man sich aus praktischen Erwägungen – und nicht zuletzt aus Kostengründen – für einen Ziegelbau. Nach gut 20 Jahren Bauzeit wurde die Kirche im Jahr 1494 eingeweiht.

Die dreischiffige Frauenkirche ist 109 m lang, 40 m breit und 37 m hoch, ihre zwei weithin sichtbaren Türme sind fast 99 Meter hoch. Der Dom bietet Platz für rund 20.000 Menschen. Dennoch geht von seinem spätgotischen Innenraum eine eher untypische strahlende Leichtigkeit aus, die von der architektonisch geschickten Anordnung der Säulen und Fenster herrührt.

Die heutige Hauptorgel des Doms mit 95 Registern wurde 1994 im Zuge der Restaurierung erbaut.

Im Licht der riesigen Domkirche ist freihändiges Fotografieren kaum sinnvoll. In der Weite des Raumes ist auch ein Blitz recht wirkungslos. Ansprechende Bilder werden nur mit langen Belichtungszeiten und Stativ erzielt. Das Foto des Kirchenschiffs wurde in der „HDR"-Technik (High Definition Range) aufgenommen. Das Bild wurde vom Stativ aus in drei verschiedenen Belichtungsstufen fotografiert, die dann über eine spezielle Software zum optimalen Ergebnis gemischt wurden.

◂ *65 mm, ISO 640, Blende 10, 1/6 Sekunde*
▸ *28 mm, ISO 200, Blende 14-16-18, 1 Sekunde, HDR*
▸▸ *24 mm, ISO 200, Blende 16, 0,5 Sekunden*

17 Frauentürme

Weitblick unter „Welschen Hauben"

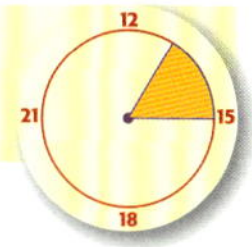

Die weit verbreitete Geschichte, dass sich die Türme der Frauenkirche in der Höhe um einen Meter unterscheiden, ist wohl erfunden: es sind nur wenige Zentimeter Unterschied, beide Türme haben es auf knapp 99 Meter gebracht. Auf den Südturm kann man im Sommer gegen ein kleines Entgelt mit dem Aufzug fahren. Er erschließt einen einmaligen Ausblick über die Landeshauptstadt und – bei schönem Wetter – über die gesamte Kette der bayerischen Alpen.

Der Backsteinbau der Türme wurde im Jahr 1488 fertiggestellt, vollendet wurden sie aus Geldmangel aber erst um 1525 mit dem Aufbau ihrer charakteristischen „Welschen Hauben" (welsch = fremd). Die Renaissance-Kuppeln wurden nach dem damaligen Vorbild des Felsendoms in Jerusalem geplant. Sie präsentieren sich noch heute nahezu unverändert in ihrer baulichen Substanz, denn trotz der weitgehenden Zerstörung der Münchner Innenstadt und des Doms im 2. Weltkrieg blieben die beiden Türme fast unversehrt.

Die Türme des Doms zu Unserer Lieben Frau beherbergen insgesamt zehn Glocken. Im Nordturm hängen unter anderem die bereits 1451 gegossene „Winklerin" und die „Susanna" oder „Salveglocke" aus dem Jahr 1490, die mit ihren acht Tonnen Gewicht und über zwei Metern Durchmesser eine der klangschönsten und schwersten Glocken im gesamten süddeutschen Raum ist.

Sagenhaft: Münchens Dächer und Türme bilden den Vordergrund zu einem weiten Alpenpanorama, im Norden reicht der Blick bis hin zur Allianzarena und zum Flughafen. Eine kleine Blende verspricht durchgehende Schärfe in den Bildern, ein Brillenputztuch kann die Spuren des Vorgängers an den Scheiben entfernen. Und vielleicht öffnet der Aufseher auf freundliches Bitten hin ja auch kurz ein Fenster.

◂ *24 mm, ISO 200, Blende 13, 1/60 Sekunde*
▸ *24 mm, ISO 100, Blende 16, 1/80 Sekunde*

Beste Zeit:
am frühen Nachmittag

Adresse:
Frauenplatz

:
S-Bahn Stammstrecke
U-Bahn U3/U6
bzw. U4/U5
Haltestelle Marienplatz
oder Karlsplatz (Stachus)

Mit dem Auto:
Parkhaus
am Färbergraben

Fotoausrüstung:
SLR mit WW bis Tele
oder Kompaktkamera,
Brillenputztuch / Taschentuch zum Reinigen der
meist verschmierten
Turmfensterscheiben

18 Alte Pinakothek

Alte Meister hinter ocker Ziegeln

Beste Zeit:
am frühen Nachmittag

Adresse:
Barerstraße 27

:
U-Bahn U2
Haltestelle Königsplatz
Tram Linie 27
Haltestelle Pinakotheken

Mit dem Auto:
Parkplätze entlang der Arcis-, Theresien-, Barer- und Gabelsbergerstraße

Fotoausrüstung:
SLR mit WW bis Normal oder Kompaktkamera

Die Alte Pinakothek gehört zu den ältesten und bedeutendsten Kunstmuseen der Welt. Sie beherbergt in ihrer ständigen Ausstellung mehr als 700 Gemälde des 14. bis 18. Jahrhunderts. Werke berühmter Künstler wie Albrecht Altdorfer, Albrecht Dürer, Peter Paul Rubens, Raffael und Rembrandt sind hier vereint.

König Ludwig I. ließ den Ziegelbau von 1826 bis 1836 am Rand der Stadt errichten, um Exponaten aus seiner Sammlung und der seiner Vorgänger einen Raum zu geben und sie der Öffentlichkeit zugänglich zu machen. Er nannte sein neues Museum in Anlehnung an den griechischen Begriff „Pinakothek", also „Bildersaal". Nach Zerstörungen im 2. Weltkrieg wurde das Gebäude in den 1950er Jahren weitgehend rekonstruiert.

Das „Meisterwerk der Proportionskunst" (H. Wölfflin) beeindruckt durch seine strenge Fassadengliederung. Fotografisch lässt sich diese durch Einbeziehung der modernen Plastiken im Umfeld auflockern. Eine kleine Kletterpartie verbessert den Blickwinkel.

▲ *40 mm, ISO 100, Blende 16, 1/100 Sekunde*
▶ *50 mm, ISO 200, Blende 7,1, 1/250 Sekunde*
▶▶ *24 mm, ISO 100, Blende 16, 1/60 Sekunde*

LOTH

19 Neue Pinakothek

Realismus, Romantik und mehr

Beste Zeit:
am frühen Nachmittag

Adresse:
Barerstraße 29

S U Tram:
U-Bahn U2
Haltestelle
Theresienstraße
Tram Linie 27
Haltestelle Pinakotheken

Mit dem Auto:
Parkplätze entlang der Barer-, Theresien- und Arcisstraße

Fotoausrüstung:
SLR mit Normal und Winkelsucher, Kompaktkamera mit schwenkbarem Monitor

Die Sammlung der Neuen Pinakothek schließt an die Epochen der Alten (Ziel 18) an. Sie bietet einen ausgezeichneten Überblick über die europäische Malerei und Skulptur des 18. und 19. Jahrhunderts, vom Klassizismus bis zum Jugendstil, und steht ihr an Bedeutung nicht nach. So gehören zu den mehr als 3.000 Gemälden der Sammlung u. a. Werke von Caspar David Friedrich, Carl Spitzweg, Edouard Manet, Claude Monet, Vincent van Gogh und Gustav Klimt. Eine Auswahl von ca. 400 Bildern wird in der Ausstellung gezeigt.

Wie die Alte Pinakothek ist auch die Neue eine Gründung des Wittelsbacher Königs Ludwig I., allerdings wurde das von ihm 1853 errichtete ursprüngliche Gebäude im Jahr 1944 durch Bomben zerstört. Eine Wiederherstellung wurde nicht in Angriff genommen. Erst 1981 wurde der heutige Bau nach Plänen von Alexander von Branca seiner Bestimmung übergeben.

Hier sind tiefe Fotopositionen gefragt, denn sowohl der Treppenaufgang zur Neuen Pinakothek als auch die kleine Wasserlandschaft mit dem Café leben von der Einbeziehung des Vordergrundes.

▲ *50 mm, ISO 100, Blende 14, 1/30 Sekunde*
▶ *50 mm, ISO 400, Blende 7,1, 1/500 Sekunde*

hunsinger
in der Neuen Pinakothek

20 Pinakothek der Moderne

Vier Museen – eine Kuppel

Unter der zentralen Rotunde der Pinakothek der Moderne zeigen vier staatliche Museen auf mehr als 12.000 m^2 ihre Ausstellungsstücke.

Die Sammlung für Moderne Kunst beinhaltet Werke der klassischen Moderne und Gegenwart aus allen Stilrichtungen, vom Expressionismus und Kubismus über das Bauhaus bis hin zur Pop Art.

Die Neue Sammlung beschäftigt sich mit Kunsthandwerk und Design vom Anfang des 20. Jahrhunderts bis zur Gegenwart. Gezeigt werden unter anderem Möbel und Schmuck, aber auch Fahrzeuge und Computer gehören zu den 50.000 Objekten des Museums.

Die Staatliche Graphische Sammlung umfasst an die 400.000 Blätter der Zeichenkunst und Druckgraphik vom 15. Jahrhundert bis zur Jetztzeit.

Das Architekturmuseum der TU München schließlich hat Zeichnungen, Entwürfe und Modelle namhafter Architekten aller Epochen in seinem Bestand.

Erst im Jahr 2002 konnte – nach langem Kampf um Spenden und Finanzierung – der von Stephan Braunfels geplante Betonbau neben den anderen Pinakotheken eröffnet werden. Auf dem Gelände der ehemaligen Türkenkaserne entstand der derzeit größte Museumsbau Europas. Seine Halle wird im Zentrum von einer Lichtkuppel mit mehr als 30 Metern Durchmesser überspannt, riesige Treppen führen zu den Sammlungen. In dem Gebäude herrschen glatter Beton und die Farbe weiß vor, wohl um die Aufmerksamkeit des Besuchers nicht von den Exponaten abzulenken.

Das glatte Sichtbetongebäude bietet außen nur wenig Möglichkeiten für attraktive Fotos. Beeindruckend ist in jedem Fall die lichtdurchflutete Kuppel im Inneren des Museums, die man – mit ruhiger Hand – auch ohne Stativ ablichten kann.

Beste Zeit:
am späten Nachmittag

Adresse:
Barer Straße 40

Achtung:
Fotografieren ohne Blitz/Stativ und nur für private Zwecke erlaubt

:
U-Bahn U2
Haltestelle Königsplatz
Tram Linie 27
Haltestelle Pinakotheken

Mit dem Auto:
Parkplätze entlang der Barer-, Theresien- und Gabelsbergerstraße

Fotoausrüstung:
SLR mit WW bis leichtem Tele oder Kompaktkamera

◂ *24 mm, ISO 200, Blende 14, 1/15 Sekunde*
▸ *150 mm, ISO 100, Blende 16, 1/40 Sekunde*

21 Regierung von Oberbayern

Eine Kathedrale für den Bezirk

Beste Zeit:
am späten Nachmittag

Adresse:
Maximilianstraße 39

S U Tram:
S-Bahn Stammstrecke
Haltestelle Isartorplatz
Tram Linie 19
Haltestelle Maxmonument

Mit dem Auto:
Parkplätze entlang der Maximilianstraße

Fotoausrüstung:
SLR mit WW
oder Kompaktkamera

In den Jahren 1856 bis 1864 wurde im Auftrag von König Maximilian II. unter der Leitung von Oberbaurat Friedrich Bürklein das heutige Regierungsgebäude an der Maximilianstraße errrichtet. Der gut 170 Meter lange Bau mit seiner Terrakotta-Prunkfassade im Stil englischer Kathedralen war zu seiner Bauzeit sehr umstritten. Heute ist das Gebäude ein Musterbeispiel für den so genannten Maximilianstil. Im April 1944 trafen die Bomben der amerikanischen Luftwaffe den Bau. Das Gebäude und sämtliche Akten wurden ein Raub der Flammen, nur die Fassade überstand den Brand. Gleich nach dem Krieg begann man mit dem Wiederaufbau der Zentrale der Bezirksregierung von Oberbayern, der bereits 1953 abgeschlossen wurde.

Die „gotische" Fassade der Regierung von Oberbayern zeigt sich am eindrucksvollsten von der gegenüberliegenden Straßenseite aus, zu empfehlen ist dabei ein etwas erhöhter Standpunkt, z.B. eine Streusandkiste oder die Mauern und Kästen im Abgang zur Unterführung. Achtung auf die vielen Kabel der Trambahn, die hier den Himmel durchziehen. Licht und Schatten bilden interessante Strukturen in den Arkaden des langgestreckten Gebäudes.

▲ *24 mm, ISO 200, Blende 16, 1/160 Sekunde*
▶ *24 mm, ISO 200, Blende 10, 1/80 Sekunde*

/// ZKMax_ _ _
Medienkunst im öffentlichen Raum

22 ZKMax

Videokunst im Untergrund

Von 1973 bis 1995 nutzte die Städtische Galerie im Lenbachhaus die große Unterführung unter der Kreuzung von Maximilianstraße und Altstadtring als ihr „Kunstforum". Fünf Jahre später, im Jahr 2000, baute das Kulturreferat der Landeshauptstadt in Zusammenarbeit mit dem Zentrum für Kunst- und Medientechnologie Karlsruhe den 1.600 m^2 großen unterirdischen Raum um. Die Rolltreppen wurden stillgelegt und bepflanzt, das ZKMax oder „Maximiliansforum" entstand als „Musterraum für Medienkunst". Seither kann ein breites Publikum hier – inmitten von Galerien, Theatern, Museen und noblen Geschäften – Video- und Musik-Installationen sowie multimediale und experimentelle Computerkunst erleben.

Schummrig ist es im Untergrund, schon allein deshalb ist das ZKMax ein idealer Ort für moderne Filme und Computeranimationen. Scharfe Fotografien sind hier nur mit einem Stativ zu bewerkstelligen.

Beste Zeit:
am späten Nachmittag

Adresse:
Maximilianstraße / Thomas-Wimmer-Ring

:
S-Bahn Stammstrecke
Haltestelle Isartorplatz
Tram Linie 19
Haltestelle Maxmonument

Mit dem Auto:
Parkplätze entlang der Maximilianstraße

Fotoausrüstung:
SLR mit WW bis Normal oder Kompaktkamera, Stativ

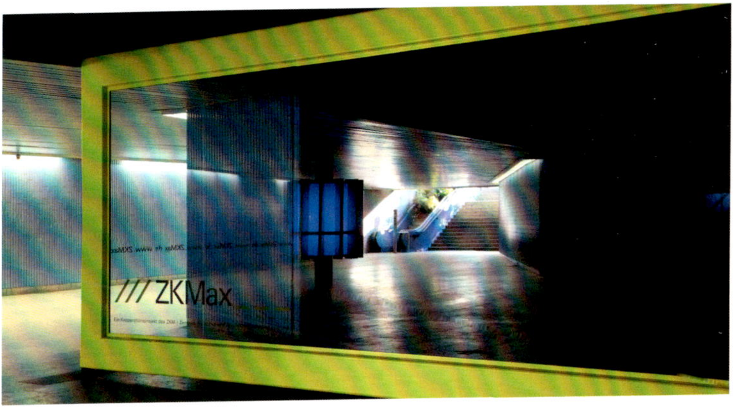

▲ 50 mm, ISO 500, Blende 8, 0,8 Sekunden
◀ 28 mm, ISO 400, Blende 20, 1/125 Sekunde
▶▶ 24 mm, ISO 400, Blende 10, 0,5 Sekunden

23 Jüdisches Zentrum

„Ohel Jakob" – Zelt des Jakob

Beste Zeit:
am späten Nachmittag

Adresse:
St. Jakobsplatz

:
S-Bahn Stammstrecke
U-Bahn U3/U6
Haltestelle Marienplatz
U-Bahn U4/U5
Tram Linie 16/17/18/27
Haltestelle Sendlinger Tor

Mit dem Auto:
Parkhäuser
am Färbergraben oder in der Schrannenhalle

Fotoausrüstung:
SLR mit WW bis Normal oder Kompaktkamera

Seit Anfang des 13. Jahrhunderts ist jüdisches Leben in München dokumentiert, fast genauso lang berichtet die Geschichtsschreibung von Verfolgung und Pogromen. Erst ab 1806 änderte sich die Situation, unter König Maximilian I. Joseph entstand Raum für die Entwicklung einer Jüdischen Gemeinde. Mit dem Aufkommen des Nationalsozialismus wurden auch die Münchner Juden brutal verfolgt, nahezu alle jüdischen Einrichtungen in der Stadt wurden vernichtet. Erst ab 1945, nach der Befreiung vom NS-Regime, begann man langsam wieder, jüdische Institiutionen – über die Stadt verstreut – aufzubauen. Seit Mitte der 1980er Jahre suchte die Israelitische Kultusgemeinde München und Oberbayern nach einem geeigneten Platz für eine Synagoge und ein Gemeindezentrum als sichtbaren Ausdruck jüdischen Lebens in München. Nach der Entscheidung des Stadtrates für den seit dem Krieg brachliegenden St. Jakobsplatz wurde dort im November 2006 das neue Jüdische Zentrum eröffnet.

„Ohel Jakob", „Zelt Jakobs", so heißt die neue Hauptsynagoge der Israelitischen Kultusgemeinde München und Oberbayern. Über ihrem steinernen Sockel erhebt sich eine Zeltkonstruktion aus Stahl, Glas und einem bronzenen Metallnetz. Ein unterirdischer „Gang der Erinnerung" verbindet die Synagoge mit dem Gemeindezentrum. Es beherbergt das Rabbinat, ein Kultur- und Jugendzentrum, einen Kindergarten, eine Schule und verschiedene Veranstaltungsräume. Auch an ein koscheres Restaurant wurde gedacht. Das benachbarte Jüdische Museum der Landeshaupstadt München zeigt die Vielfalt jüdischer Geschichte und Kultur in der Stadt.

Die feingliedrigen Strukturen der Synagoge machen eine niedrige ISO-Zahl und eine hohe Blende notwendig, um entsprechend scharf im Bild wiedergegeben zu werden.

◂ *28 mm, ISO 100, Blende 16, 1/80 Sekunde*
▸ *35 mm, ISO 100, Blende 8, 1/125 Sekunde*
▸▸ *70 mm, ISO 100, Blende 16, 1/125 Sekunde*

24 Viktualienmarkt

Frische Ware – stolze Preise

Beste Zeit:
am späten Nachmittag

Adresse:
Viktualienmarkt

:
S-Bahn Stammstrecke
U-Bahn U3/U6
Haltestelle Marienplatz

Mit dem Auto:
Parkhaus in der Schrannenhalle

Fotoausrüstung:
SLR mit Normal bis Tele oder Macro, Systemblitz oder Kompaktkamera mit integriertem Blitz

Zu Beginn des 19. Jahrhunderts wurde der heutige Marienplatz (damals noch Schrannenplatz) zu klein für den täglichen Handel. König Max I. Joseph ließ daraufhin einige erworbene Häuser im Gebiet um die Hl.-Geist-Kirche (siehe Ziel 25) einreißen und den Markt auf den entstandenen Platz verlegen. Bereits einige Jahre später musste auch dieser Marktplatz erweitert werden. 1852 erbaute man die (heute wieder aufgestellte) Schrannenhalle, seit 1870 wurden feste Stände auf dem Markt eingerichtet. Nach weiteren Vergrößerungen und Umbauten erreichte der Viktualienmarkt schließlich um 1890 seine heutige Form und Größe.

„Viktualien", das sind Lebensmittel, und so hat sich der Markt in den letzten Jahrzehnten zu einem Zentrum für Feinschmecker und gleichzeitig zu einer Touristenattraktion entwickelt. „Es gibt nichts Essbares, was es hier nicht gibt", an über 140 „Standln" finden sich Obst, Gemüse, exotische Früchte, Brot, Fisch, Fleisch, Milch, Käse, Wein, Saft, Blumen, Kunsthandwerk und noch vieles mehr. Die „Umgangsformen" der Marktfrauen sind angeblich legendär, die Preise auf dem Viktualienmarkt durchaus gehoben.

Die Münchner Bürgerschaft stellte in den 1950er Jahren drei kleine Brunnen zum Gedenken an ihre bekannten Volkssänger und Komiker Karl Valentin, Liesl Karlstadt und den Weiß Ferdl auf. Später kamen noch drei weitere Brunnen für den Roider Jackl, die „Ratschkathl" Ida Schumacher und Elise Aulinger dazu.

Ein langer Bummel über den Viktualienmarkt liefert eine Unzahl an Fotomotiven, begonnen beim Alten Peter (Ziel 12) über die Brunnen der Volkssänger bis hin zum traditionellen Biergarten. Und natürlich sind all die herrlich dekorierten Lebensmittel an den Ständen mehr als einen Blick wert.

◂ *100 mm, ISO 200, Blende 14, 1/160 Sekunde*
▸ *105 mm, ISO 100, Blende 20, 1/50 Sekunde*
▸▸ *Tableau aus 12 Bildern, zumeist 100 mm Macro, zum Teil mit Blitz*

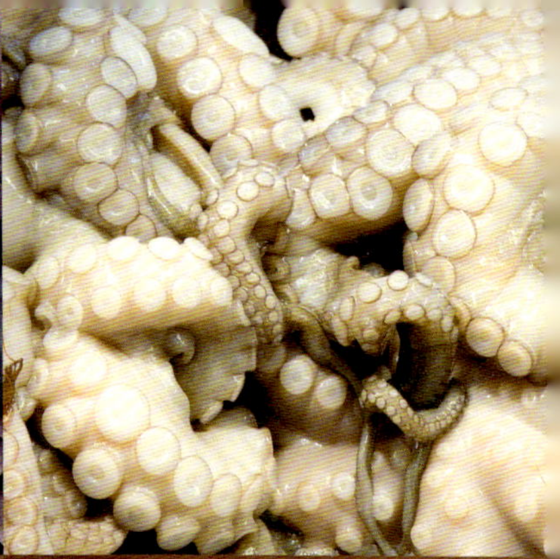

Gran Reserva
Finca
La Cruz

FROMAGE DE MONTAGNE
Fabriqué en Fruitière dans les MONTS du JURA
MONT JURA
Fromage Traditionnel au lait cru
LE MONT JURA

25 Heilig-Geist-Kirche

Barocke Fresken – perfekt restauriert

Beste Zeit:
am späten Nachmittag

Adresse:
Tal 77

Achtung:
angemessene Kleidung ist in der Kirche erwünscht

S U Tram:
S-Bahn Stammstrecke
U-Bahn U3/U6
Haltestelle Marienplatz

Mit dem Auto:
Parkhaus in der Schrannenhalle

Fotoausrüstung:
SLR mit WW bis Normal und Winkelsucher oder Kompaktkamera mit Schwenkdisplay, Stativ

Zu Beginn des 13. Jahrhunderts stiftete Herzog Ludwig I. das Heiliggeist-Spital in München, um Kranken und Pilgern aus der Stadt und dem Umland Heilung und Unterkunft zu geben. Er folgte damit einem Aufruf von Papst Innozenz III. und übergab das Spital den Brüdern des Krankenpflege-Ordens vom Heiligen Geist. Somit gehört die Heilig-Geist-Kirche zu den ältesten der Stadt. Durch reiche Zuwendungen der Münchner Bürgerschaft konnten schon bald neben der Kirche weitere Spitalgebäude errichtet werden. Eine große Anzahl von Wirtschaftsgebäuden und Gewerken machte aus dem Spital ein autonomes „Dorf", das sich um das seelische und leibliche Wohl der Münchner Einwohner und oft weitgereister Besucher bemühte.

Zu Beginn des 19. Jahrhunderts wurde das Spital aus Platzgründen in die Mathildenstraße verlegt, verblieben ist die Pfarrkirche, eine gotische Hallenkirche aus dem 14. Jahrhundert, deren Innenraum um 1700 komplett im Barockstil umgestaltet wurde. Mit den Fresken und dem Stuck in der Kirche wurden die bekannten Gebrüder Cosmas Damian und Egid Quirin Asam beauftragt. Weitere Umbauten und Erweiterungen erfolgten gegen Ende des 19. Jahrhunderts. Den Bombenhagel des 2. Weltkrieges überstanden nur die Außenmauern von Heilig-Geist, Inneneinrichtung, Stuckaturen und Fresken mussten bis in die 1970er Jahre hinein mühsam wiederhergestellt werden.

Besonders in den kleinen Gassen zwischen dem Viktualienmarkt und dem Tal trifft man immer wieder auf den Turm von Heilig-Geist. Im Inneren der Kirche gibt unter anderem das herrlich wiederhergestellte Deckenfresko der Gebrüder Asam im Langhaus Anlass zur Bewunderung. Ein Stativ ist nötig für ein ansprechendes Bild, ein Winkelsucher oder Schwenkmonitor schont dabei die Nackenmuskulatur.

◂ *24 mm, ISO 200, Blende 22, 1/30 Sekunde*
▸ *35 mm, ISO 640, Blende 8, 1/15 Sekunde*

ECCELSIA PAROCHIA
ALII SERMO SCIENTIA
ALII FIDES
IDEM SPIRITUS
ALTERI GRATIA SANITATUM

26 Altes Rathaus

Moriskentänzer und Medaillen

Bereits im Jahr 1310 ist ein Münchner Rathaus urkundlich erwähnt, das an der Ostseite des ehemaligen Schrannenplatzes (heute Marienplatz) erbaut wurde.

Dieses Gebäude wurde von 1470 bis 1480 gleichzeitig mit dem Dom zu Unserer Lieben Frau (siehe Ziel 16) vom Baumeister Jörg von Halspach durch ein neues Bauwerk im spätgotischen Stil ersetzt. Im Laufe der Zeit wurde das Rathaus immer wieder umgebaut und den jeweiligen Stilepochen angepasst, in der zweiten Hälfte des 19. Jahrhunderts erfolgte die architektonische Rückkehr zur Gotik. Seither trägt das Gebäude den Namen „Altes Rathaus". Im 2. Weltkrieg wurde es schwer beschädigt, vor allem der Festsaalbau war fast völlig zerstört. Bereits 1953 begann man mit dem Wiederaufbau des Saales, erst in den 1970er Jahren des letzten Jahrhunderts wurde der Turm rekonstruiert. Er beherbergt heute das Münchner Spielzeugmuseum.

Der Festsaal des Rathauses ist ein bemerkenswertes Beispiel der Baukunst des 15. Jahrhunderts. Ein 17 Meter breites Holztonnengewölbe überspannt den einstigen Versammlungsort der städtischen Stände. Reiche Schnitzereien schmücken die Decke des Saales, der auch lange Zeit die Heimat von 16 geschnitzten Moriskentänzern von Erasmus von Grasser (1480, Originale heute im Stadtmuseum) war. Patrizier und Wittelsbacher nutzten den Raum für ihre Feierlichkeiten. Noch heute wird der Alte Rathaussaal von der Stadt München für besondere Anlässe verwendet, unter anderem wird hier die Medaille „München leuchtet" an verdiente Bürger verliehen.

Inmitten der Menschenmenge auf dem Marienplatz findet sich schon ein Standort für Bilder vom alten Rathaus, die Fahnen sorgen für einen belebten Vordergrund. Für Fotos mit langen Brennweiten ist eine ruhige Hand nötig, ein Stativ kann nicht schaden.

Beste Zeit:
am frühen Abend

Adresse:
Marienplatz 15

:
S-Bahn Stammstrecke
U-Bahn U3/U6
Haltestelle Marienplatz

Mit dem Auto:
Parkhäuser in der Schrannenhalle oder an der Oper

Fotoausrüstung:
SLR mit Tele oder Kompaktkamera, eventuell Stativ

◀ *400 mm, ISO 100, Blende 16, 1/100 Sekunde*
▶ *100 mm, ISO 100, Blende 16, 1/100 Sekunde*

27 Alter Botanischer Garten

Glaspalast und Roter Ring

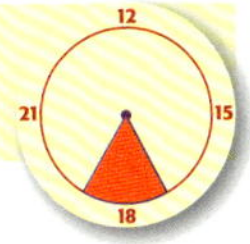

Nur wenige Meter entfernt vom Verkehrsknotenpunkt Stachus (siehe Ziel 7) befindet sich eine kleine grüne Stadtoase, der Alte Botanische Garten.

Zu Beginn des 19. Jahrhunderts legte der Landschaftsarchitekt Friedrich Ludwig von Sckell, der auch den Englischen Garten plante, diesen Park an. Im Jahr 1812 wurde das noch erhaltene klassizistische Eingangsportal errichtet. In der ersten Hälfte des 20. Jahrhunderts entstand der „Neue" Botanische Garten in Nymphenburg. Der alte Park an der Elisenstraße wurde umgestaltet und mit dem Neptunbrunnen und einem Café versehen. Nur wenig blieb von der ursprünglichen Bepflanzung, dafür errichtete man einen kleinen klassizistischen Pavillon, der heute Platz für wechselnde Ausstellungen einheimischer Künstler bietet.

1854 fand in München die „Erste Allgemeine Deutsche Industrie Ausstellung" statt, anlässlich derer an der Nordseite des Alten Botanischen Gartens der aufsehenerregende „Glaspalast" erbaut wurde. Die riesige Konstruktion aus Gusseisen und Glas wurde durch internationale Kunstausstellungen und legendäre Künstlerfeste bekannt. Im Jahr 1931 fiel der Glaspalast mit über 3.000 Gemälden einem Großbrand zum Opfer.

Im Westen des Alten Botanischen Gartens steht seit 1996 die Skulptur „Der Ring" des italienischen Bildhauers Mauro Staccioli. Die rote Skulptur ist eine für den Künstler typische minimalistische Konstruktion aus Stahl und Beton. Der Ring hat einen Durchmesser von zwölf Metern und wiegt rund 14 Tonnen. Er wurde der Stadt München von der Stadtsparkasse gestiftet.

„Der Ring" fordert vom Betrachter und Fotografen etwas Gelenkigkeit. Nach einigen durchaus belustigenden Verrenkungen ist es aber möglich, eine passende „Umrahmung" für den Erkerbau des Hotels oder das benachbarte Luisen-Gymnasium zu finden.

◂ *24 mm, ISO 100, Blende 14, 1/80 Sekunde*

▸ *45 mm, ISO 200, Blende 10, 1/125 Sekunde*

Beste Zeit:
am frühen Abend

Adresse:
Elisenstraße

:
S-Bahn Stammstrecke
U-Bahn U1/U2/U4/U5
Tram Linie 16/17/18/19/20/21/27
Haltestelle Hauptbahnhof / Hbf.Süd

Mit dem Auto:
Parkplätze entlang der Elisenstraße, Parkhaus im Elisenhof

Fotoausrüstung:
SLR mit WW bis Normal und Winkelsucher, Kompaktkamera mit schwenkbarem Monitor

28 Bayerische Staatskanzlei

Hohe Politik im „Straußoleum"

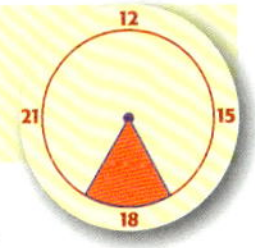

Am östlichen Rand des Hofgartens (siehe Ziel 1) steht seit 1993 das monumentale Bauwerk der Bayerischen Staatskanzlei, Sitz des Bayerischen Ministerpräsidenten und der Staatsregierung. Die an die 200 Meter lange Konstruktion aus Stahl und Glas integriert in ihrer Mitte den Kuppelbau des früheren Bayerischen Armeemuseums.

Nach Jahrzehnten in einem unscheinbaren Gebäudekomplex plante der Freistaat Bayern unter seinem damaligen Ministerpräsidenten Franz-Josef Strauß einen repräsentativen Regierungssitz in der Münchner Innenstadt. Viele Jahre war das Projekt äußerst umstritten, noch heute ist es wegen seiner Größe und Dominanz nicht bei allen Bürgern akzeptiert. Immerhin ist das Gebäude der Staatskanzlei rund doppelt so groß wie das Weiße Haus in Washington. Das „Straußoleum" wird auch immer noch wegen seiner „Treibhausfassade" und seiner schlechten Einbindung in das historische Umfeld von Hofgarten und Residenz kritisiert.

Im Westen der Staatskanzlei, dort wo zu Beginn des 19. Jahrhunderts des Exerzierplatz der Hofgartenkaserne lag, befindet sich – halb unterirdisch – ein Denkmal zu Ehren der rund 13.000 Münchner Opfer des 1. Weltkrieges. Das an ein Hünengrab erinnernde Monument wurde in den Jahren 1924 bis 1926 errichtet.

Die alten Albrechtinischen Arkaden im Norden bilden einen ansprechenden Rahmen für den Glasbau der Staatskanzlei. Ein Standpunkt auf der kleinen Mauer lässt perspektivische Verzerrungen etwas eindämmen, den Rest muss dann aber doch die Software erledigen. Das Foto des Reiterdenkmals vor dem Mosaik des bayerischen Löwen ist aus dem unterirdischen Raum des Kriegerdenkmals heraus entstanden.

◀ *24 mm, ISO 200, Blende 18, 1/60 Sekunde*
▶ *105 mm, ISO 200, Blende 16, 1/80 Sekunde*
▶▶ *220 mm, ISO 200, Blende 18, 1/60 Sekunde*

Beste Zeit:
am frühen Abend

Adresse:
Franz-Josef-Strauß-Ring 1

S U Tram:
U-Bahn U3/U4/U5/U6
Haltestelle Odeonsplatz

Mit dem Auto:
Parkplätze entlang der Ludwigstraße und Galeriestraße

Fotoausrüstung:
SLR mit WW bis Tele oder Kompaktkamera

29 Kabinettsgarten

Versteckte Eleganz für ruhige Minuten

Zwischen den aufragenden Wänden der Münchner Residenz entstand im Jahr 2003 ein kleiner, versteckter, aber durchaus ansprechender Ort der Ruhe und Eleganz, der Kabinettsgarten.

Der kleinste Garten der Münchner Innenstadt wurde von dem Architekten Peter Kluska komplett neu gestaltet, da keinerlei Pläne der ursprünglichen Bebauung mehr auffindbar waren. Kluska projektierte einen kleinen öffentlich zugänglichen Erholungsraum, der gleichzeitig als Gartenfoyer und Pausenraum für die Veranstaltungsbesucher der benachbarten Allerheiligen-Hofkirche und des Cuvilliés-Theaters dient. Auch bei Empfängen der Bayerischen Staatsregierung in der Residenz kann der Platz genutzt werden.

Der Kabinettsgarten fügt sich ausgezeichnet in die strengen Strukturen der Münchner Residenz ein. Mit seinem Brunnen und den mit farbigen Glasmosaiken ausgelegten Wasserbändern ist ein anregender Ort der Begegnung entstanden. Rote, grüne und weiße Glassteine schimmern vor dunklem Hintergrund, das leicht bewegte Wasser darüber bricht das Licht in lebendigen Strukturen. Die u. a. für die Wege verwendeten Kalksteinplatten nehmen die warme Farbgebung der Residenzgebäude auf, Linden, Platanen und Magnolien sowie Duftrosen und Buchsbaumhecken bilden die Bepflanzung der Anlage.

Am Abend ist das Gärtchen eindrucksvoll illuminiert, Konzertbesucher können es über die eine Freitreppe betreten.

Die Lichtreflexionen in den bunten Wasserbändern des Kabinettsgartens vertreiben dem Besucher die Zeit und ergeben mit einer kurzen Belichtungszeit interessante Bildfolgen. Zwischen weißen Magnolien wirft das Kreuz der Allerheiligen-Hofkirche seinen Schatten auf eine Rückwand des Nationaltheaters.

◂ *35 mm, ISO 400, Blende 14, 1/250 Sekunde*
▸ *105 mm, ISO 400, Blende 16, 1/400 Sekunde*

Beste Zeit:
am frühen Abend

Adresse:
Alfons-Goppel-Straße
(in der Residenz)

S U Tram:
U-Bahn U3/U4/U5/U6
Haltestelle Odeonsplatz
Tram Linie 19
Haltestelle Nationaltheater

P Mit dem Auto:
Parkgarage an der Oper

Fotoausrüstung:
SLR mit WW bis leichtem
Tele oder Kompaktkamera

30 Residenz

Ein Stadtschloss für die Wittelsbacher

Beste Zeit:
am frühen Abend

Adresse:
Max-Joseph-Platz 3

S U Tram:
U-Bahn U3/U4/U5/U6
Haltestelle Odeonsplatz
Tram Linie 19
Haltestelle Nationaltheater

Mit dem Auto:
Parkgarage an der Oper

Fotoausrüstung:
SLR mit WW bis leichtem Tele oder Kompaktkamera

Bis zum Jahr 1918 war die Münchner Residenz mehr als 400 Jahre lang das Wohn- und Regierungsgebäude der bayerischen Herzöge, Kurfürsten und Könige. Ausgehend von der einstigen „Neuveste" aus dem 14. Jahrhundert erweiterten die Wittelsbacher ihren Sitz, bis er zum größten Stadtschloss Deutschlands heranwuchs.

Um sieben Innenhöfe herum gruppieren sich heute allein mehr als 130 Schauräume des Museums. Die drei Hauptkomplexe der Anlage, der Königsbau (zum Max-Joseph-Platz), die Maximilianische Residenz (zur Residenzstraße) und der Festsaalbau (zum Hofgarten) sind eine über Jahrhunderte gewachsene Mischung aus Baustilen der Renaissance, des Barocks und Rokokos sowie des Klassizismus.

Im 2. Weltkrieg wurden die Gebäude weitgehend von Bomben zerstört, ein Großteil des Inventars konnte rechtzeitig in Sicherheit gebracht werden. Diesem Umstand und weitreichenden Spendenaktionen ist es zu verdanken, dass die Residenz in der heutigen Form wieder aufgebaut und ausgestattet werden konnte. Allein der Bayerische Rundfunk spendete Millionen, um als Ersatz für das zerstörte „Odeon" den Herkulessaal (siehe Ziel 2) für sein Orchester zu erhalten.

Heute befinden sich in der Residenz eines der größten bayerischen Museen und die Schatzkammer, auch das Antiquarium und das wiederaufgebaute Cuvilliés-Theater sind hier beheimatet.

Wer die Löwen an der Westseite der Residenz nicht nur fotografiert, sondern zärtlich an der blanken Nase kitzelt, dem bleibt das Glück hold. Der Blick durch die Tore am Kaiser- und Apothekenhof verlangt wirklich Geduld, denn die ständige Menge der Passanten achtet nicht auf den wartenden Fotografen.

◂ *90 mm, ISO 400, Blende 10, 1/40 Sekunde*
▸ *35 mm, ISO 250, Blende 16-18-20, 1/60 Sekunde, HDR*
▸▸ *35 mm, ISO 100, Blende 9, 1/250 Sekunde*

31 Viscardigasse

Das Gasserl für die Drückeberger

Zum Gedenken an die so genannten „Blutzeugen der Bewegung“, die 1923 beim Putschversuch von Adolf Hitler hier ums Leben kamen, wurde in der NS-Zeit an der Seite der Feldherrnhalle (siehe Ziel 3) eine Gedenktafel mit der Inschrift „Und ihr habt doch gesiegt“ angebracht. Das Denkmal wurde von einer ständigen Ehrenwache flankiert, von allen Vorübergehenden wurde die Ehrbezeugung durch den Hitlergruß erwartet. Um die Huldigung an der Tafel – im wahrsten Sinne des Wortes – zu umgehen, nahmen viele Münchner den Umweg von der Residenzstraße über die Viscardigasse hinter der Feldherrnhalle herum und gelangten so ohne „erhobene Hand“ zum Odeonsplatz.

Die Bürger nannten daher die kleine kopfsteingepflasterte Straße neben dem Preysing-Palais bald „Drückebergergasserl“. Offiziell heißt der kleine Weg Viscardigasse, er ist nach einem Baumeister der Barockzeit, dem Schweizer Giovanni Antonio Viscardi benannt. Auch heute noch wird der Spitzname „Drückebergergasserl“ gern in Stadtführungen erwähnt, schon allein, um den Widerstand eines Teils der Münchner Bevölkerung gegen das Dritte Reich zu unterstreichen.

In der Mitte der 1990er Jahre wurde zur Erinnerung an diesen Widerstand ein Teil des Kopfsteinpflasters in Form einer Spur in einem bronzenen Farbton angelegt. Leider machen auf dieses Bodendenkmal keinerlei Tafeln oder Schilder aufmerksam, so dass zu befürchten ist, dass seine Bedeutung und die Erinnerung an die „Drückeberger“ wohl bald verblassen werden.

Mit etwas Glück spiegeln sich am Boden der dunklen Gasse das Restlicht des Himmels und die Beleuchtung der Geschäfte. Die kolorierten Pflastersteine funkeln dann leicht. Leider sind sie tatsächlich schon etwas „abgelaufen“, und so ist es sinnvoll, die beste Bildwirkung in mehreren Aufnahmen zu testen.

Beste Zeit:
am späten Abend

Adresse:
Viscardigasse

:
U-Bahn U3/U4/U5/U6
Haltestelle Odeonsplatz
Tram Linie 19
Haltestelle Theatinerstraße

Mit dem Auto:
Parkgarage an der Oper

Fotoausrüstung:
SLR mit WW bis Normal oder Kompaktkamera

◀ *65 mm, ISO 400, Blende 8, 1/30 Sekunde*
▶ *35 mm, ISO 400, Blende 10, 1/40 Sekunde*

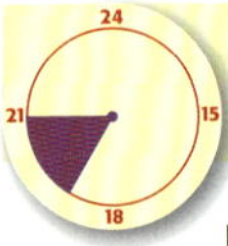

32 Nationaltheater

Große Bühne für Oper und Ballett

Beste Zeit:
am späten Abend

Adresse:
Max-Joseph-Platz 2

:
U-Bahn U3/U4/U5/U6
Haltestelle Odeonsplatz
Tram Linie 19
Haltestelle Nationaltheater

Mit dem Auto:
Parkgarage an der Oper

Fotoausrüstung:
SLR mit WW bis Tele
oder Kompaktkamera,
Stativ

Würde König Maximilian I. Joseph sich umdrehen auf seinem Thron in der Mitte des Platzes, dann könnte er mit Stolz auf das von ihm initiierte Bayerische Nationaltheater blicken, das mit seinen 2.100 Plätzen zu seiner Zeit eines der größten Opernhäuser Europas war.

Im Jahr 1810 beauftragte der König den Architekten Karl von Fischer, ein neues „Königliches Hof- und Nationaltheater" zu planen, 1818 wurde das Haus eingeweiht. 1854, zur Zeit Ludwigs II., erfolgte der erste große Umbau. Der Monarch galt als glühender Verehrer Richard Wagners, und so wundert es nicht, dass hier die Opern „Tristan und Isolde", „Die Meistersinger von Nürnberg", „Das Rheingold" und „Die Walküre" uraufgeführt wurden. Auch Werke von Richard Strauss und Gustav Mahler erklangen hier zum ersten Mal vor großem Publikum.

1943 versank das Nationaltheater nach einer Bombennacht in Schutt und Asche. Nach dem Krieg begann man mit der Rekonstruktion des Hauses, von dem nur noch die Grundmauern standen. Bis 1963 dauerte der Wiederaufbau, seitdem verfügen die Münchner über eine der größten Opernbühnen der Welt. In den 1980er und 2000er Jahren erfolgten weitere Modernisierungen der aufwändigen Bühnentechnik.

Das Nationaltheater hat eine klassizistische Front im Baustil griechischer Tempel mit zweifachem Giebel und korinthischen Säulen. Im Inneren des Hauses herrscht die klassizistisch-griechische Formensprache vor.

Die „Blaue Stunde" liefert eindrucksvolle Bilder des Opernhauses in den Komplementärfarben blau und gelb-orange. Der richtige Fotozeitpunkt ist gekommen, wenn der Himmel noch über ein wenig Restlicht verfügt, die Beleuchtung am Nationaltheater gibt es aber nur an Tagen mit Vorstellung. Stativ!

◂ *28 mm, ISO 200, Blende 11, 2,5 Sekunden*
▸ *100 mm, ISO 100, Blende 13, 15 Sekunden*
▸▸ *70 mm, ISO 100, Blende 13, 15 Sekunden*

MVSISQVE REDDITVM

MCMIXIII

Eilles
kofrosta
KAFFEE
KAFFEE
EILLES PASSAGE

33 Max-Joseph-Platz

Südländisches Flair und ein sitzender König

Der kunstbegeisterte König Ludwig I. ist auch der Initiator für den Max-Joseph-Platz. Er erteilte im ersten Drittel des 19. Jahrhunderts seinen Baumeistern Leo von Klenze und Karl von Fischer den Auftrag zum Bau einer repräsentativen Platzanlage. Diese wird umrahmt vom Königsbau der Residenz, der monumentalen Fassade des Nationaltheaters und von den Bögen der Loggia des ehemaligen Hauptpostamts. Nur an der Westseite sind eine Reihe von Bürgerhäusern verblieben, die mit ihren mondänen Ladengeschäften den Auftakt zur Maximilianstraße bilden.

In der Mitte des grob gepflasterten Platzes grüßt der sitzende König Maximilian I. Joseph, der Schöpfer der ersten Bayerischen Verfassung, die Bürger der Stadt.

Zur Zeit der abendlichen Dämmerung zeigt sich der Max-Joseph-Platz in südländischer Stimmung. Die Bürgerhäuser vermitteln sogar im Winter einen Hauch von Romantik, ebenso Café und Oper im frühen Sommer. Wenn dann auch noch ein rotes Auto vor den Arkaden parkt... Ein Stativ ist unerlässlich.

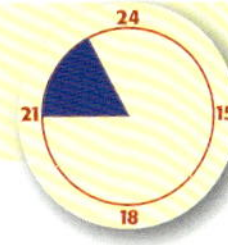

Beste Zeit:
nachts

Adresse:
Max-Joseph-Platz

:
U-Bahn U3/U4/U5/U6
Haltestelle Odeonsplatz
Tram Linie 19
Haltestelle Nationaltheater

Mit dem Auto:
Parkgarage an der Oper

Fotoausrüstung:
SLR mit WW bis Normal oder Kompaktkamera, Stativ

◂ *40 mm, ISO 100, Blende 13, 6 Sekunden*
▴ *24 mm, ISO 200, Blende 14, 4 Sekunden*
▸▸ *24 mm, ISO 200, Blende 14, 5 Sekunden, Montage von 2 Bildern (Panorama)*

34 Promenadeplatz

Graf Montgelas und die mondäne Welt

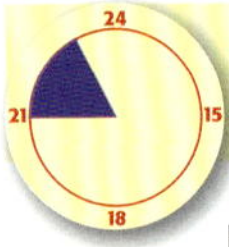

Beste Zeit:
nachts

Adresse:
Promenadeplatz

S U Tram:
S-Bahn Stammstrecke
U-Bahn U3/U6
Haltestelle Marienplatz
Tram Linie 19
Haltestelle Theatinerstraße

P Mit dem Auto:
Parkplätze am Maximiliansplatz

Fotoausrüstung:
SLR mit Normal bis leichtem Tele und Systemblitz oder Kompaktkamera mit integriertem Blitz, Stativ

Der Promenadeplatz liegt in unmittelbarer Nähe der Fußgängerzone in der Münchner Altstadt. Er wurde im 19. Jahrhundert vom Parade- und Aufmarschplatz zu einer Grünanlage umgestaltet. Der Platz ist umgeben von historischen Gebäuden, u.a. vom Gunetzrhainerhaus und dem Palais Montgelas, das heute Bestandteil des traditionsreichen Luxushotels „Bayerischer Hof" ist.

Auf dem Platz sind fünf berühmte Münchner in Denkmälern verewigt: die Komponisten Orlando di Lasso und Christoph Willibald Gluck, der Schriftsteller und Historiker Lorenz von Westenrieder, Kurfürst Max Emanuel und der Bayerische Minister Maximilian Joseph Graf von Montgelas, dem im Jahr 2005 eine moderne massive Aluminiumplastik gewidmet wurde.

Mit Stativ können dem unscheinbaren Promenadeplatz durchaus ansprechende Eindrücke entlockt werden. Die Plastik des Grafen Montgelas wurde dagegen ohne Stativ fotografiert, mit einer langen Belichtungszeit, einem Blitz am Anfang der Belichtung und einem absichtlichen „Verwackler" danach.

▲ *50 mm, ISO 400, Blende 11, 2,6 Sekunden*
▸ *85 mm, ISO 400, Blende 6,3, 1,3 Sekunden, Blitz*
▸▸ *60 mm, ISO 200, Blende 14, 6 Sekunden*

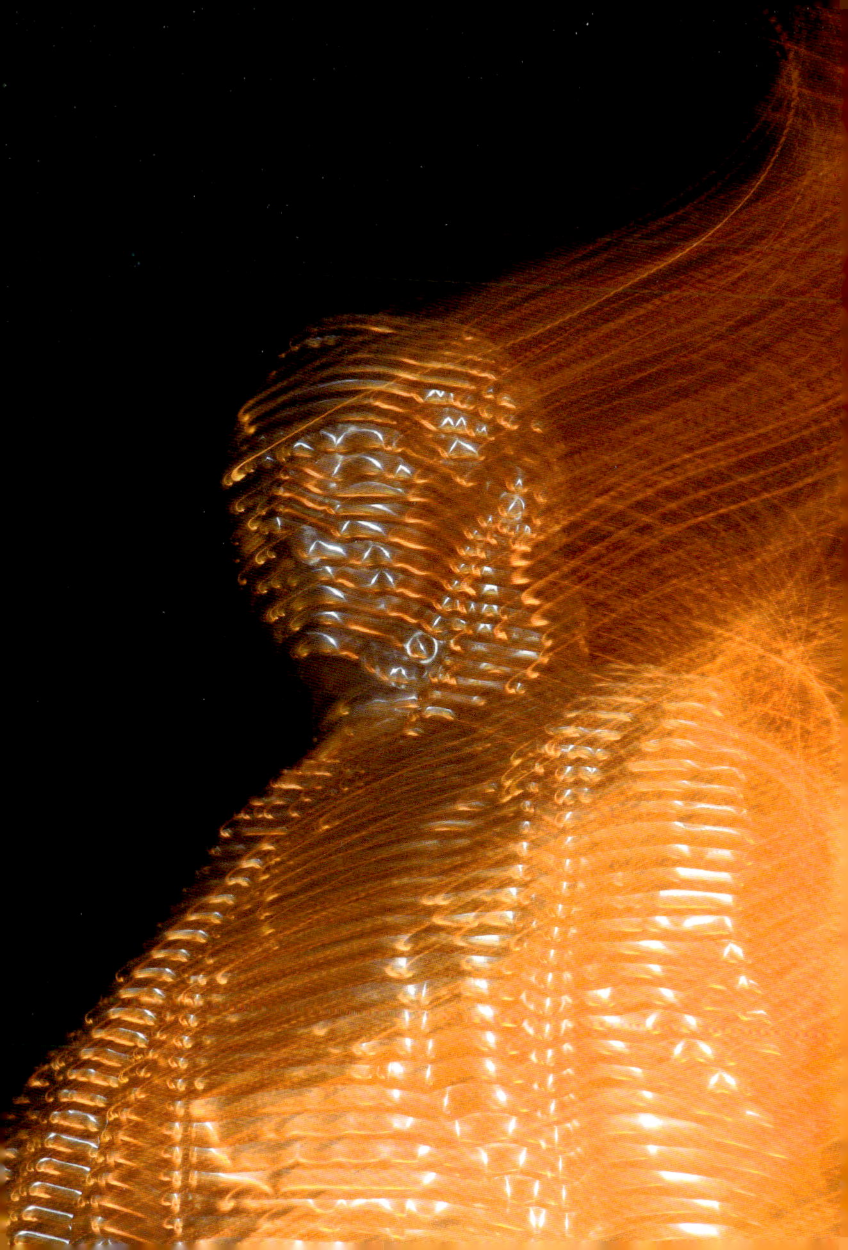

BAYERISC

HER HOF
BAYERISCH

35 Odeonsplatz

Bayerns „italienischster" Platz

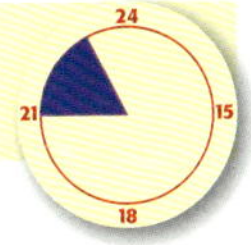

Im Norden der Münchner Altstadt, vor der Feldherrnhalle (siehe Ziel 3), bildet der Odeonsplatz den Anfang der prachtvollen Ludwigstraße. Er wurde von Leo von Klenze im 19. Jahrhundert erbaut und ist bis heute in seiner Form unverändert. Auftraggeber war auch hier König Ludwig I., dessen Standbild nur wenige Meter entfernt in der Ludwigstraße aufgestellt wurde. Seinen Namen hat der Platz von einem früher in seiner Nordwestecke liegenden Konzertsaal, dem „Odeon".

Wenn in lauen Sommernächten die Tische der anliegenden Lokale noch immer voll belegt sind, macht der Odeonsplatz seinem Ruf als „Bayerns italienischster Platz" alle Ehre. Dann strahlen Theatinerkirche, Feldherrnhalle und die gesamte Ludwigstraße in gelben Tönen in den tiefdunkelblauen Münchner Himmel.

Bilder vom nächtlichen Odeonsplatz sind natürlich nur mit Stativ zu bewerkstelligen. Dabei ergeben sich aus der Loggia der Feldherrnhalle interessante Aussichten. Beim Bild der Theatinerkirche wurde ein entfesselter (also von der SLR abgezogener) Blitz auf das Straßenschild gerichtet, um es zusätzlich aufzuhellen. Achtung: Passanten laufen gern ins Bild!

Beste Zeit:
nachts

Adresse:
Odeonsplatz

:
U-Bahn U3/U4/U5/U6
Haltestelle Odeonsplatz

Mit dem Auto:
Parkplätze entlang der Ludwigstraße

Fotoausrüstung:
SLR mit WW bis Normal und (entfesseltem) Systemblitz oder Kompaktkamera mit integriertem Blitz, Stativ

◂ *28 mm, ISO 200, Blende 14, 30 Sekunden*
▴ *50 mm, ISO 400, Blende 11, 8 Sekunden*
▸▸ *24 mm, ISO 200, Blende 11, 15 Sekunden, entfesselter Blitz*

ZONE

Odeonsplatz
Hofgartenstr.

Register

▸▸ *Die Frauentürme vom Max-Joseph-Platz, 135 mm, ISO 100, Blende 13, 20 Sekunden*

Impressum

Titel: Frauentürme vom Max-Joseph-Platz aus
Vordere Umschlagklappe: Frauentürme vom Alten Peter aus
Hintere Umschlagklappe: Trambahnschienen in der Theatinerstraße

Bildnachweis: alle Abbildungen vom Autor

Wir danken der Bayerischen Verwaltung der staatlichen Schlösser, Gärten und Seen, dem Bayerischen Landesamt für Denkmalpflege, der Glyptothek, der Städtischen Galerie im Lenbachhaus, dem Presse- und Informationsamt der Landeshauptstadt München, dem Domdekanat zu Unserer Lieben Frau, der Pinakothek der Moderne, dem Jüdischen Museum München, der Stadtpfarrei Heilig-Geist und der Bayerischen Staatskanzlei für die freundliche Zustimmung zur Bildveröffentlichung in diesem Fotoführer.

Kartenskizzen auf den Umschlaginnenseiten
vorne: WIM-Verlag Barbara Wimmer, Karlsfeld
hinten: herzlichen Dank an den MVV München

1. Auflage 2009

Satz und Gestaltung: WIM-Verlag Barbara Wimmer, Karlsfeld
Druck: Biedermann GmbH, Parsdorf bei München
Bindung: Bückers GmbH, Anzing

Inhalt gedruckt auf PEFC-zertifiziertem Papier

Printed in Germany

ISBN 978-3-9813014-0-3